Michael Laitman - Semion Winokur

ODKRYWANIE TAJEMNIC BIBLII

OD STWORZENIA DO ABRAHAMA

LAITMAN
KABBALAH
PUBLISHERS

Michael Laitman © 2024

Laitman Kabbalah Publishers

Akademia Kabały Bnei Baruch
polska@kabbalah.academy
www.kabbalah.info/pl

Przekład: Ofelia Gonciarz

ISBN 9798873064816

Copyright © 2024 by Laitman Kabbalah Publishers
1057 Steeles Avenue West, Suite 532
Toronto, ON M2R 3X1, Canada
Wszelkie prawa zastrzeżone

Biblia jest zakodowana. Po przeczytaniu tej książki poznasz tajemnice tego kodu. A wtedy będziesz mógł przedostać się przez zewnętrzne wydarzenia, z których na pierwszy rzut oka składa się ta Księga, i dotrzesz do zawartej w niej rzeczywistej treści. Zrozumiesz, dlaczego wszystkie światowe religie przyznają Biblii prawo pierwszeństwa, dlaczego powołują się na nią politycy, filozofowie, pisarze… Odsłoni się przed Tobą cała prawda.

Księga ta jest przewodnikiem, instrukcją pozwalającą posuwać się naprzód tym, którzy zadają sobie pytanie o sens życia. Jest to instrukcja, jak odkryć świat duchowy. Jak stać się szczęśliwym.

SPIS TREŚCI

PRZEDMOWA

Drogi czytelniku, jeśli nigdy w życiu nie zadałeś sobie pytania: „Dlaczego się urodziłem?", to ta książka nie wzbudzi twojego zainteresowania. To znaczy, że twój czas jeszcze nie nadszedł. A jeśli choć raz zastanowiłeś się nad tajemnicą narodzin, choć przez chwilę pomyślałeś o sensie istnienia lub marzyłeś o znalezieniu eliksiru nieśmiertelności, to kimkolwiek jesteś – Polakiem, Rosjaninem, Amerykaninem, Australijczykiem, Żydem, Kanadyjczykiem, Hindusem – nie wypuszczaj tej książki z rąk. Jest ona dla ciebie. Nadszedł dziś jej czas.

O czym mówi ta książka? O tym, w jaki sposób należy czytać tajemną Księgę – Pięcioksiąg Starego Testamentu, który w oryginale nazywa się „Tora". Jest o tym, jak przedostać się przez zewnętrzne powłoki codziennych wydarzeń, z których na pierwszy rzut oka on się składa, i dotrzeć do zawartej tam rzeczywistej treści.

Na początek wymieńmy wszystkie pięć ksiąg: Rodzaju, Wyjścia, Kapłańska, Liczb i Powtórzonego Prawa. Polskie nazwy ksiąg Pięcioksięgu pochodzą od nazw greckich, a w oryginale są to odpowiednio: Bereszit („Na początku"), Szemot („Imiona"), Wa-jikra („I wezwał"), Be-midbar („W pustyni") i Dwarim („Słowa").

Bierzesz więc Księgę i zaczynasz czytać. Nawet nie przychodzi ci do głowy, że jej treść jest zakodowana. W rzeczywistości postrzegasz ją jako zbiór opowiadań i czasem dziwisz się, dlaczego ona tak przyciąga mędrców, dlaczego wszystkie religie świata przyznają Pięcioksięgowi Mojżesza prawo pierwszeństwa, dlaczego na Księgę powołują się politycy, filozofowie, pisarze... Co jest w niej tak wyjątkowego?!... Najwyraźniej jednak jest w niej coś szczególnego i to „coś" nie daje ci spokoju. Jeśli Księga nie zadowala cię jako epopeja historyczna, to jesteś na dobrej drodze, to znaczy, że szukasz ukrytego sensu, a więc znajdziesz.

Zwracasz się z pytaniami do kompetentnych, autorytatywnych ludzi, ale oni też nie mogą cię oświecić. Czytasz ponownie górę literatury – i tu nie znajdujesz odpowiedzi...

Szukasz właśnie *kodu* Księgi. Próbujesz odnaleźć tajemne drzwi, aby przeniknąć przez nie do środka i odkryć system tego kodu, który wielu bezskutecznie próbuje rozwikłać, gdyż próbują znaleźć rozwiązanie za pomocą rozumu. Właśnie rozum ich zawodzi. Przebić się przy pomocy logiki jest rzeczą niemożliwą – nawet tego nie próbuj.

Aby odkryć tajemnicę Pięcioksięgu, potrzeba tylko jednego „narzędzia"– *pragnienia*. Jest to magiczne słowo i będziemy go często używać.

Od czego więc zaczynasz, gdy postanowiłeś wyruszyć w ukryte głębie najważniejszego pytania życia? Otwierasz Księgę i mówisz sobie: „Ona jest o mnie. Wszystko, co jest w niej opisane, to moja droga do głębin mojej własnej duszy.

Ścieżki do niej są zarośnięte, jedyną moją troską przez długi czas był świat zewnętrzny: cierpiałem z powodu braku pieniędzy, pracy, nieodwzajemnionej miłości, zdrady, złego pożywienia, niepunktualności komunikacji miejskiej i cieszyłem się z zakupu domu, nowego samochodu, mebli, pysznego steku, filmu... I to wszystko mi wystarczało... Do czasu....

Nagle coś się wydarzyło...

Coraz częściej zaczęły nachodzić mnie myśli o krótkotrwałości i próżności tych

wszystkich przyjemności. Coraz częściej rozmyślałem nad tym, że to niemożliwe, żeby człowiek – tak zdumiewające połączenie rozumu i serca – rodził się tylko po to, aby dogodzić swojemu ciału i zniknąć na zawsze.

Nagle zaczęły wkradać się do mnie myśli o tym, że mogę żyć wiecznie. Skąd one przychodzą?... Czy nie jest to wszystko zbyt fantastyczne?... Czy moje przypuszczenie jest słuszne?”

To prawda – możesz żyć wiecznie!

Myśli te przychodzą do ciebie z najgłębszego punktu. Głęboko wewnątrz ciebie żyje Wieczność. Nieustannie przywołuje do siebie, wyjaśniając, że wszystko, co zewnętrzne – to jedynie łuski.

Dopóki nie byłeś gotowy, nie słyszałeś jej głosu. Chroniła cię przed głębokimi rozmyślaniami, tak jak chroni się dziecko, które bawi się samochodzikami, aż nadejdzie czas, gdy dorośniesz i usiądziesz za kierownicą prawdziwego samochodu.

Tak samo było z tobą. Byłeś dużym dzieckiem. Przez wiele lat, a nawet tysiącleci „bawiłeś się samochodzikami”, aż nagle usłyszałeś pytanie: „Czyżby w tym zawierał się sens mojego życia?”

I już. Jak tylko to usłyszałeś, przestałeś być dzieckiem.

Właśnie teraz potrzebujesz prawdziwej Księgi – przewodnika dla tych, którzy zadają sobie pytanie o sens życia, instrukcję o tym, jak odkryć drogę do świata duchowego, który jest w nas. To jest świat pełen szczęścia i pokoju – świat połączony z wiecznością.

Właśnie z niego promieniuje ku tobie świecenie.

CO TO JEST PIĘCIOKSIĄG

Jak już wspomnieliśmy, pierwsze pięć ksiąg Biblii w oryginale nazywa się Tora (od słowa „oraa", co w przekładzie z hebrajskiego oznacza „instrukcja", lub od słowa „or" – „światło", co jest w zasadzie tym samym). Podążanie naprzód zgodnie z instrukcją jest tym samym, co podążanie za pomocą Światła, wzdłuż promienia zesłanego w ciemność naszego świata. Trzeba tylko się go „uchwycić" i ruszyć do przodu. Postępując zgodnie z instrukcją, zaczynasz odkrywać świat duchowy, który zawiera odpowiedzi na wszystkie twoje pytania. Zaczynasz oczyszczać się ze wszystkiego, co zostało naniesione z zewnątrz, i widzisz wyraźnie, jak stopniowo zmienia się rzeczywistość wokół ciebie. Zdajesz sobie sprawę, że „spałeś" przez całe życie. A ty myślałeś, że czuwasz, czyż nie? Nagle uświadomisz sobie, że wszystko, co było dla ciebie wartościowe, okazuje się błahostką, a to, co uważałeś za prawdę, jest w rzeczywistości kłamstwem, a pragnienia ziemskie są niczym w porównaniu z tym, co jest ci przeznaczone...

Zobaczysz, jeszcze dojdziesz do tych ocen, trzymaj się tylko jednej myśli: „Ta księga jest o mnie". Uparcie szukaj jej w sobie, a wtedy za historią brodatych przodków odkryje się twoja osobista historia i zaprze ci dech w piersiach, gdy nagle się potwierdzi: „Tak, jest o mnie!..." Między wierszami Księgi zaświecą się nowe wiersze, a za każdym znakiem, literą, słowem zacznie się przejawiać szczególna siła duchowa, a ty dosłownie fizycznie poczujesz, jak wokół gromadzi się Światło, szukając możliwości przeniknięcia w ciebie... – nie w twoje ciało fizyczne, które jest niczym, ale w twoją duszę, która jest wieczna.

Gdy Światło wejdzie w ciebie i zacznie cię oczyszczać, wtedy wszystko, co wydawało się tak nierealne, fantastyczne, stanie się proste, zrozumiałe i naturalne.

Po miesiącu poprawnego czytania Księgi zobaczysz, jakie zmiany zajdą w tobie. Nie poznasz samego siebie i swojego świata wewnętrznego.

Stanie się on jednolity. Zaczniesz widzieć i czuć, że to twoja dusza – która na jednym stopniu nazywa się Noe, na drugim Abraham, a na trzecim Mojżesz – idzie na spotkanie z wiecznością.

A więc, jeśli jesteś gotowy, zaczniemy naszą historię.

KRÓTKO O TYM, CO WAŻNE

Ponad pięć tysięcy lat temu w Mezopotamii – miejscu, z którego wiele współczesnych cywilizacji wywodzi swój początek – mieszkał człowiek o imieniu Abraham. Później zostanie uznany przez niemal wszystkie religie i nurty duchowe za założyciela i ojca narodów, wniosą one jego imię do swoich pism świętych, uznając go za odkrywcę Prawa istnienia świata, który poznał Wyższe Zarządzanie.

To Abraham jest twórcą nauki, którą można uznać za uniwersalną, ponadnarodową, ogólnoświatową, gdyż powstała przed podziałem świata na narody i języki, nauki, która przez wiele stuleci raz znikała, raz pojawiała się ponownie na horyzoncie ludzkości, obrastając różnego rodzaju mitami i legendami.

Działo się tak celowo. Ludzie nie byli jeszcze gotowi na to, by ją przyswoić, miała ostatecznie się ujawnić właśnie w naszych czasach. Dlaczego? Nauka ta przepowiadała, że w czasie, kiedy egoizm na ziemi osiągnie swój maksymalny poziom rozwoju, ludzkość nie będzie w stanie się z nim uporać i będzie potrzebowała środka, który ją przed nim uratuje. Właśnie wtedy nadejdzie czas ujawnienia wiedzy, której nazwa brzmi *Kabała*.

Kabała w przekładzie z hebrajskiego oznacza „otrzymywanie", to znaczy jest nauką o tym, jak prawidłowo otrzymywać, jak umiejętnie korzystać ze swego egoizmu, aby otrzymać wszystkie przygotowane dla ludzkości przyjemności, nie niszcząc przy tym, lecz tworząc.

Kabała niczego nie przyjmuje na wiarę. „Spróbuj i upewnij się, jak wspaniały jest Stwórca" – proponuje. Drogi czytelniku, zwróć uwagę na słowa „spróbuj i upewnij się"– oznacza to, że nie powinieneś się zgodzić z czymś, co usłyszałeś od kogoś. Musisz sam zdobyć poczucie Stwórcy, a Kabała wyjaśni, jak to zrobić.

Przygotuj się więc na to, że poruszając się stopień po stopniu cały czas w górę, będziesz doświadczał różnych stanów. Oznacza to, że na każdym stopniu będziesz nadawał Stwórcy różne imiona w zależności od tego, czy jesteś dalej, czy bliżej Niego. Na jednym stopniu będzie On bezwzględny, na drugim – sprawiedliwy, na trzecim – miłosierny,

na czwartym – jedyny – a to wszystko dlatego, że właśnie w ten sposób będziesz Go odczuwał. Każdy stopień – to nowe imię i nic w tym dziwnego. Spotykamy się z tym również w naszym życiu codziennym. Na przykład uważamy kogoś za „skrytego", a poznając go bliżej, zmieniamy zdanie, mówiąc: „On po prostu posiada dużą wiedzę". Gdy zbliżamy się jeszcze bardziej, uważamy go za mądrego, następnie – za dobrego, a potem – otwartego... A przecież zaczęliśmy od tego, że jest skryty!... Cała ta zmiana definicji wynika z faktu, że stopniowo ujawniamy jego cechy. On zawsze taki był, trzeba było tylko bliżej go poznać, zrozumieć jego charakter. Dla naszego dalszego postępu bardzo ważne jest zrozumienie, że to nie on się zmienił, ale my otworzyliśmy się na niego, jakbyśmy go wchłonęli w siebie.

Tak samo jest ze Stwórcą. Jeśli poznajemy Go coraz bliżej, to odkrywamy coraz nowsze Jego właściwości, a więc Jego imiona. Tak się dzieje, gdy dosłownie przeżywamy całą treść Pięcioksięgu Mojżesza, wchłaniamy, przepuszczamy ją przez siebie. Z tego wynika, że poruszając się przez pięć ksiąg Biblii, odkrywamy imiona Stwórcy. Na każdym stopniu – nowe Jego imię. Jak długo to będzie trwać? Aż odkryjemy wszystkie Jego imiona, scalimy się z Nim i odkryjemy Go jako absolutne Prawo Miłości.

JĘZYK GAŁĘZI

W Kabale został opracowany specjalny język zwany „językiem gałęzi". Wynika to z faktu, że w naszym świecie nic nie powstało samo, ale zostało stworzone i jest sterowane.

Wszechświat, planety, kamienie, rośliny, zwierzęta, człowiek, to co się z nimi działo, dzieje i będzie dziać – wszystko zstępuje od Stwórcy, przechodzi przez wszystkie duchowe światy i objawia się w naszym świecie.

Powiemy z wyprzedzeniem, że Stwórca posiada system zarządzania naszym światem zwany światem Acilut, co z hebrajskiego znaczy „u Niego", czyli u Stwórcy.

Świat Acilut jest czymś w rodzaju „mózgu", bez którego rozkazów nic się nie dzieje w naszym świecie. Nic! Ani myśli, ani ruchu, ani wojny, ani odkrycia – zupełnie nic... Bez Jego zarządzania, jak się mówi, „ani robak nie przypełznie", „ani źdźbło trawy się nie zakołysze".

Nasz wszechświat, który można porównać do „gigantycznego komputera", jest sterowany przez świat Acilut. Oznacza to, że wszystko, co istnieje w naszym świecie, definitywnie bierze swój początek w wyższym świecie, a następnie zstępuje po stopniach duchowych. Istnieje ścisły związek pomiędzy obiektami naszego świata i ich korzeniami w wyższym świecie. Nazwijmy je „duchowymi sobowtórami".

Powtórzmy jeszcze raz: nasz świat jest wynikiem świata duchowego.

Kabaliści wyraźnie to czują, ponieważ istnieją w dwóch światach, to znaczy widzą wyższy obiekt – *korzeń*, z którego wszystko pochodzi, i jego skutek w naszym świecie – *gałąź*.

Dlatego język Kabały został nazwany „językiem gałęzi", a nie językiem korzeni. To korzenie otrzymują nazwę gałęzi, a nie odwrotnie.

Zatem kabaliści znaleźli taki sposób przekazania informacji, który umożliwia precyzyjne opisanie świata duchowego za pomocą słów naszego języka. Biorą nazwę jakiegoś obiektu z naszego świata, na przykład „drzewo", i za jego pomocą opisują wyższy obiekt, to znaczy siłę, która teraz nosi nazwę „drzewo".

Jeśli jednak ktoś nie wie, że właśnie takim językiem został napisany Stary Testament, to co w nim widzi? Widzi opowieść o naszym świecie. O „drzewie", które rośnie w „ogrodzie Eden", o wężu-kusicielu, który szepnął coś do Ewy... itd.

A wszystko to jest absolutnie błędne.

Na skutek tego rodzaju rozumienia Księga, która ma połączyć nasz świat ze światem duchowym, zostaje sprowadzona do poziomu zwyczajnej literatury.

(Pamiętam, jak moja babcia haftowała piękne kolorowe obrazki na tkaninie. Będąc małym dzieckiem, zachwycałem się nimi, myśląc: „Taki właśnie jest świat..." Tak myślałem, aż pewnego dnia spojrzałem na odwrotną stronę haftu i zobaczyłem chaotyczny na pierwszy rzut oka splot nici i węzłów, ale w tym znajdował się korzeń całego piękna. Później zrozumiałem, że jeśli przeciąć chociażby jeden węzeł, to cały ten piękny wzór rozpadnie się...)

A więc teraz chcemy nauczyć się, jak kierować się do korzenia. Widzimy obraz, który składa się z prostych ziemskich słów, ale co jest za nimi?

Czytanie biblijnego Pięcioksięgu pozwoli nam nauczyć się za słowami dostrzegać siły, które są ich korzeniami. Co więcej, już sam zamiar czytania tej Księgi właśnie w ten sposób połączy nas z wyższym światem, ponieważ wszystko się zaczyna od celu i intencji. Biblia już od pierwszych wersów wyznacza sobie cel: opowiedzieć człowiekowi, jak zostać mieszkańcem świata duchowego. Chce zaprowadzić go do Stwórcy. Do wieczności. Do szczęścia. Taką samą intencję musi mieć człowiek, który ją czyta: „Chcę w ten sposób odkryć Stwórcę".

Zacznijmy więc naszą podróż do tajemnic największej Księgi wszech czasów. Czy jesteś gotowy? Ruszajmy!

Pierwszy rozdział Księgi Rodzaju nazywa się „Na początku" lub „Bereszit".

ROZDZIAŁ

„NA POCZĄTKU" – „BERESZIT"

***„/1:1/ Na początku stworzył Bóg niebo i ziemię. /1:2/ A ziemia była pustkowiem i chaosem; ciemność była nad otchłanią, a Duch Boży unosił się nad powierzchnią wód..."**

Jeśli interpretować te słowa dosłownie, to można tu puścić wodze fantazji. Można na przykład wyobrazić sobie, jak wygląda Stwórca, że potrafi „unosić się", „mówić", „widzieć"... Mamy tu nieograniczone możliwości dla lotu fantazji: i woda, i ciemność, i otchłań…

Jednak kogo to interesuje?

Tylko tych, którzy są ograniczeni pragnieniami naszego świata, którzy chcą wiedzieć, a nie osiągać, kto lubi spekulować i ma do tego słuchaczy. Mówiliśmy już na ten temat, to nie dla nas.

Te pragnienia są zrozumiałe.

Jeśli przyjemności tego świata są dla ciebie wystarczające, to rozkoszuj się dalej, żyj sobie jak dotąd, nazywaj duchowym zajęciem zainteresowanie muzyką, malarstwem, poruszaj się w kręgach intelektualnych, ale wiedz, że są to tematy, które nie mają nic wspólnego z prawdziwymi doznaniami duchowymi.

Jeżeli pragnę poznać świat duchowy, to interesuje mnie coś zupełnie innego.

Potrzebuję Stwórcy. Z Nim mam swoje rachunki. Muszę uzyskać odpowiedzi na pytania, które nie dają mi spokoju. Chcę zrozumieć, po co się urodziłem?!... Dowiedzieć się – czyżby ten cały ogromny system wszechświata został uruchomiony jedynie po to, abym zjadł, pospał, pomyślał, zarabiał pieniądze, zestarzał się i umarł?! Nie! To niemożliwe!

Potrzebuję innego świata. Wiem, że istnieje.

Jeśli ty też pragniesz właśnie takiej wiedzy, oznacza to tylko jedno: nie zaznasz spokoju, dopóki nie przenikniesz w tajemnicę własnej duszy.

Cóż, to już inna rozmowa.

Oznacza to, że zacząłeś wspinać się po szczeblach duchowej drabiny.

Masz przed sobą najgłębszy, najwyższy stopień, jaki człowiek może osiągnąć – jest nim „Bereszit". Tak nazywa się również pierwszy rozdział, który otwiera Księgę Rodzaju. Najwyższy stan, który jest w nim opisany, ludzkość może osiągnąć tylko w końcu naprawy.

„Na początku stworzył Bóg niebo i ziemię..."

Chodzi tu o stworzenie wyższego świata, tzn. tworzy się obszar, w którym zamieszka twoja dusza. Nie przebudziło się jeszcze twoje „Ja". Nie jesteś jeszcze świadomy swojego istnienia.

Stwarza się dopiero siedlisko – Wyższa Matka, w której łonie ty zaistniejesz.

Co to za miejsce?... Wybiegając naprzód, powiem, że słowa „Na początku stworzył..." oznacza, że zostały stworzone dwie właściwości: egoistyczna i altruistyczna, pomiędzy którymi będzie unosiła się twoja dusza.

„A ziemia była pustkowiem i chaosem..."

Oto pojawiają się pierwsze duchowe terminy, które należy zapamiętać. Ziemia.

W oryginale brzmi „erec" i pochodzi od słowa „racon", co oznacza „pragnienie". Zatem ziemia – to pragnienie. Od tego momentu będziemy mieli do czynienia tylko z pragnieniem, ponieważ pragnienie determinuje wszystko.

„...ziemia (pragnienie) **była pustkowiem i chaosem..."**

Okazuje się, że pragnienie nie było jeszcze ukształtowane (było pustkowiem i chaosem). To znaczy, że nie mieliśmy pragnienia, aby odkryć świat duchowy.

A co w ogóle było? Była tylko czysta kartka, na której lada chwila zacznie się pisać historia ludzkości. Historia duszy. Właśnie o tym teraz mowa. Chodzi o sam początek. Wewnątrz ciebie kształtuje się świat... W tym rozdziale zaczynamy rozpatrywać kombinację sił, które powstają jako pierwsze. Tworzą one świat, w którym pojawi się człowiek – Adam, twoje duchowe „Ja". Tworzy się środowisko, w którym zamieszkuje. Wewnątrz mnie rodzi się człowiek, rodzi się duchowe pragnienie.

Zapytasz: „Dlaczego nie czuję tych sił, przecież są we mnie?!"

Po pierwsze powiedz, czy czujesz, jak funkcjonują twoje organy? Jak na przykład żołądek trawi jedzenie, a płuca oddychają? Nie. To wszystko determinuje twoje fizyczne istnienie bez twojego uświadomienia i odczuwania zachodzących procesów.

Tak samo tutaj. Twoje życie duchowe kształtuje się przez burzliwe procesy, których nie odczuwasz do czasu, aż zaczniesz doświadczać nieodpartego pragnienia stania się uczestnikiem, główną postacią całego tego cudu.

W ten sposób kształtuje się twoja dusza. Zaczynają opiekować się tobą twoi praprzodkowie – siły świata Acilut. Twój czas nadszedł. Masz się urodzić. Prędzej czy później poznasz swoich „krewnych", gdy przejdziesz wszystkie stopnie naprawy, ale na razie musisz uzbroić się w cierpliwość…

Czarna, nieprzenikliwa powłoka oddziela cię od wszystkiego, co dzieje się wewnątrz, na skutek czego nie odczuwasz i nie widzisz niczego. W miarę upływu czasu powłoka ta stawała się coraz grubsza (mówiąc językiem ziemskim), robiłeś się coraz bardziej egoistyczny, coraz bardziej interesował cię świat zewnętrzny, a nie wewnętrzny, coraz bardziej byłeś pochłonięty życiem ciała, a nie duszą. Przypomnij sobie, jak powstawały w tobie różne pragnienia, które wcale nie były duchowe.

Warstwy te narastały jedna po drugiej, tłumiąc wszystkie duchowe pragnienia – „praprzodków wewnątrz ciebie", aż znalazłeś się w ślepym zaułku… „Co mnie otacza? Ciała, ciała. One jedzą, zarabiają pieniądze, przedłużają ród… Co mam przed sobą?.. Śmierć?.. To po co się urodziłem?…"

To właśnie od tych pytań rozpoczyna się droga „powrotna" do źródła, do siebie, do „Bereszit"– do tego, co było „Na początku".

W rzeczywistości jest to droga do Światła, wznoszenie się w kierunku sił zarządzających naszym światem. Każdy duchowy stopień na twojej drodze – to kolejna niewiadoma: „Jakie jeszcze wielkie niespodzianki przygotował dla mnie Stwórca?!..."

W ten sposób zaczynamy stopniowo usuwać z siebie to czarne nawarstwienie, które nazywa się naszym egoizmem, gdyż już nie pozwala nam żyć, oddychać, widzieć. Coraz bardziej odkrywa się przed nami nasza dusza, która jest złożonym mechanizmem osiągnięcia świata duchowego. Przeznaczona dla nas przyjemność jest absolutna. To jest dokładnie to, co przygotował dla nas Stwórca. Taki jest *cel stworzenia*: napełnić nas, Jego stworzenia, poczuciem doskonałości i wieczności. Ponieważ sam Stwórca jest doskonały i wieczny i pragnie przekazać stworzeniu swój status.

Zacznijmy więc zbliżać się do Niego.

„/1:3/ I rzekł Bóg: Niech stanie się światłość. I stała się światłość".

Tak powstaje świat duchowy.

Tak nagle łączą się siły, o których mówiliśmy, i określają dokładne miejsce zamieszkania przyszłej duszy. Będzie ona mieszkać w Świetle. Światło będzie ją napełniać.

Czym jest Światło? Proszę nie próbuj go sobie wyobrazić. Zwłaszcza, że w naszych pojęciach ziemskich nie znajdziemy dla niego dokładnego określenia. Myślimy, że Światło – to świecenie słońca lub kiedy dusza promienieje...

Światło jest jedyną właściwością, która otacza nas, nasze dusze, cały świat, cały wszechświat. Jest to właściwość Stwórcy

– właściwość całkowitego, absolutnego obdarzania. To Prawo miłości i dobroci. To wszystko jest właśnie Światłem.

Im wcześniej uświadomimy to sobie, tym szybciej pokonamy wszystkie cierpienia tego świata, które są nam dane tylko po to, abyśmy zrozumieli, do czego musimy „powrócić". Do tego Światła miłości.

„/1:4/ I widział Bóg, że światłość była dobra. Oddzielił tedy Bóg światłość od ciemności".

Jeżeli istnieje Światło – absolutne obdarzanie, wielkie altruistyczne prawo Stwórcy, Jego właściwość, która teraz objawiła się, to logicznie rzecz biorąc, musi być też ktoś, kogo Stwórca pragnie napełnić rozkoszą, chce dać wszystko, co ma.

Tym obiektem staje się stworzenie – my, ja, cały świat. Świat wewnątrz mnie.

To my jesteśmy otrzymującymi.

Oto powstały dwa stany (których wcześniej nie było): *obdarzanie* – właściwość Stwórcy lub Światła, i *otrzymywanie* – właściwość stworzenia.

Właśnie o tym mówi się w wersecie: „Oddzielił tedy Bóg światłość od ciemności". Oznacza to, że powstały dwa stany – światłość i ciemność, właściwość Stwórcy i stworzenia, obdarzanie i otrzymywanie.

Było to założone już w pierwszym słowie Księgi Rodzaju – „Bereszit", które pochodzi od słowa „bar", co oznacza „poza czymś", czyli oddzielenie stworzenia od Stwórcy.

Wyjście stworzenia z Jego łona.

Słowo „Bereszit" zawiera w sobie całą drogę człowieka i cały sens biblijnego Pięcioksięgu. Zawiera uświadomienie przez ciebie faktu, że wyszedłeś z łona Stwórcy i musisz do Niego powrócić po długiej drodze oddalenia się od Niego i nabierania coraz nowszych warstw egoizmu – drodze, przez którą przeszedłeś ty i przechodzi cała ludzkość. Ale najpierw musisz odkryć, że naprawdę oddaliłeś się od Stwórcy, zanurzyłeś się w swoim egoizmie i jest ci źle, ponieważ nie daje ci on żyć. Egoizm nie daje żyć całemu światu, rozrywając go na kawałki. Gdy tylko to zrozumiesz, zdecydujesz się wyruszyć w drogę powrotną do Stwórcy. Przejdziesz drogę naprawy swojego egoizmu i w rezultacie otrzymasz nagrodę miliony razy większą, niż mógłbyś sobie wyobrazić (ponieważ nasz mózg nie jest w stanie sobie tego wyobrazić). Zdobędziesz wieczność. Odnajdziesz wieczną, nieprzemijającą błogość. Ponownie połączysz się ze Stwórcą, ale już świadomie, na wyższym poziomie.

„/1:5/ I nazwał Bóg światłość dniem, a ciemność nazwał nocą. I nastał wieczór, i nastał poranek – dzień pierwszy".

Ustaliły się wewnątrz ciebie dwa stany: Światło – WZNIESIENIE, obdarzanie, altruistyczna właściwość, i ciemność – UPADEK, otrzymywanie, właściwość egoistyczna. Oddzielenie ich od siebie, rozróżnienie między nimi jest twoim pierwszym krokiem w kierunku naprawy. Ten stan nazywa się „pierwszym dniem stworzenia".

*** Książka wykorzystuje cytaty z Pisma Świętego („Biblia to jest Pismo Święte Starego i Nowego Testamentu") – wydawnictwo Brytyjskie i Zagraniczne Towarzystwo Biblijne, Warszawa 1984**

DZIEŃ PIERWSZY

W każdym z nas współistnieją dwie przeciwstawne właściwości: ciemność i Światło, wieczór i poranek. Są to stany naszych duchowych wzniesień i upadków. Nie zależą one od ilości pieniędzy, które zarobiłeś lub straciłeś, ale jak blisko Stwórcy jesteś, czyli Jego właściwości obdarzania, lub jak daleko oddaliłeś się od Niego? Dlatego gdy spotykasz w Księdze Rodzaju pojęcia „dzień – noc", „poranek – wieczór", wiedz, że chodzi o twoje zmieniające się stany. Szukaj dalej wskazówki, co robić, aby nie przeciągając na długo upadku, nie poddając się w żadnym wypadku temu stanowi, przejść do etapu wzniesienia, do poranka.

Tajemnicę dobrych i złych stanów człowieka można określić w następujący sposób: gdy jestem bliżej Stwórcy, Jego właściwości miłości, to znajduję się na etapie wzniesienia i jest mi dobrze. A jeśli jestem dalej od tego prawa, to jest mi źle, przeżywam okres upadku. To wszystko. To, że szukam wszelkiego rodzaju wyjaśnień swoich przeżyć, jakby były konsekwencją choroby, upokorzenia, utraty pieniędzy, sprzeczki z żoną lub rozbicia samochodu – to jest bzdura. Po prostu sytuacja wygląda w ten sposób z mojego nienaprawionego stanu, gdy ukryty jest przede mną korzeń – siły, które mną kierują. Zanurzyłem się we własnym „Ja", w swoim egoizmie, zamiast starać się z całych sił z niego wydostać. Nie udaje się?... Wiadomo, że nie. Jednak dzięki temu dążeniu można dojść do prawdziwej modlitwy, która jest w sercu, a nie w umyśle. Właśnie tej modlitwy Stwórca oczekuje od nas i odpowiada na nią definitywnie i natychmiast.

Modlitwa jest wezwaniem, żądaniem, które budzi się w twoim sercu. Jest ona w nim „nakreślona”, a nie wyczytana z modlitewnika. To twoja rozpaczliwa prośba o pomoc, o zbawienie, wołanie do Stwórcy, aby nie zostawił cię w niewoli egoizmu.

Kiedy rodzi się w tobie taka modlitwa? Tylko wtedy, gdy zdajesz sobie sprawę, że sam nie wydostaniesz się, że egoizm trzyma cię w martwym uścisku. Tylko wtedy prosisz Stwórcę o siły, błagasz Go o pomoc.

Właśnie takiej modlitwy uczy nas Księga.

Mówi, że wszystkie te stany są konieczne dla rozwoju twojej duszy. Nie może być poranka bez wieczoru, nie doświadczysz wzniesienia, jeśli nie zaznasz upadku. Dlatego razem stanowią jedno duchowe pragnienie. Razem – to „poranek i wieczór”, upadek i wzniesienie, które łączą się w „dzień pierwszy”. „I nastał wieczór, i nastał poranek – dzień pierwszy” – jest to jedno duchowe naczynie, które jako jedyne jest w stanie przyjąć Światło.

Jeszcze raz o „dniach stworzenia”, o których mowa na samym początku Księgi Rodzaju: wyjaśnia się, co konkretnie powinieneś robić ze swoją duszą w każdym z „dni”. „Pierwszego dnia” na przykład wystarczy, że poczujesz, że jest Światło – właściwość obdarzania – a wtedy same będą przychodzić do ciebie myśli o tym, czym jest „dzień i noc” w tobie, „poranek i wieczór”... Wewnątrz ciebie dopiero zaczęły „poruszać się” pierwsze odczucia. Kształtuje się środowisko, w którym zamieszka dusza – Człowiek, który narodzi się w tobie.

DZIEŃ DRUGI

„/1:6/ Potem rzekł Bóg: Niech powstanie sklepienie pośród wód i niech oddzieli wody od wód! /1:7/ Uczynił więc Bóg sklepienie, i oddzielił wody pod sklepieniem od wód nad sklepieniem; i tak się stało. /1:8/ I nazwał Bóg sklepienie niebem. I nastał wieczór, i nastał poranek – dzień drugi".

Nie myśl, że wszystko naprawdę było zalane wodą. Wcale nie o wodzie jest tu mowa.

Słowo „woda" w Księdze Rodzaju oznacza *Światło miłosierdzia*. Kiedy mówi się o przestrzeni, która została wyodrębniona i nazwana niebem, to chodzi o to, że człowiek powinien podzielić myśli i pragnienia wewnątrz siebie w taki sposób, aby móc zobaczyć, które z nich są jasne – właśnie one nazywają się „niebem" – a które są ciemne zwane „ziemią" (ale o tym będziemy mówić później).

Jest to pierwsze przykazanie, które musi być spełnione. Dopiero wtedy można mówić o poczęciu duszy. (Zwróć uwagę, że *ziemia* też się rodzi na bazie *wody*, to znaczy z właściwości Stwórcy – *miłosierdzia*.)

„/1:9/ Potem rzekł Bóg: Niech się zbiorą wody spod nieba na jedno miejsce i niech się ukaże suchy ląd! I tak się stało. /1:10/ Wtedy nazwał Bóg suchy ląd ziemią..."

Ten podział na „niebo" i „suchy ląd", na jasne i ciemne myśli nazywa się *uświadomieniem zła*.

Jest to stan, kiedy wyraźnie uświadamiasz sobie, że jest w tobie zło, które musisz naprawić, w przeciwnym razie nigdy nie osiągniesz świata duchowego. Jeżeli pragnienie zdobycia świata duchowego już „żyje" w twoim sercu, nie dając ci spokoju, to będziesz szukał wszelkich sposobów, aby oczyścić się ze zła. Jednakże pierwszym twoim krokiem nadal jest ujawnienie w sobie zła – jego uświadomienie.

UŚWIADOMIENIE SOBIE ZŁA

Uświadomienie sobie zła następuje poprzez studiowanie ksiąg kabalistycznych napisanych przez kabalistów, którzy znajdują się na wysokich stopniach duchowych. W tych księgach obecne jest szczególne świecenie i ty mimowolnie przyciągasz je do siebie, próbując zrozumieć treść tych ksiąg. W bardzo krótkim czasie zaczynasz czuć, że jesteś przeciwieństwem tego świecenia, które jest uosobieniem bezinteresownego obdarzania i miłości. Dzięki temu czujesz się egoistą, który stara się wykorzystywać innych dla własnej korzyści. W tym świeceniu panuje spokój i bezpieczeństwo, podczas gdy ciebie zjada niepokój i trwoga; w nim jest niekończące się, szczęśliwe życie, a ty wiedziesz żywot pełen cierpień, którego skutkiem jest śmierć.

Pragniesz połączyć się ze Światłem. Staje się to twoim celem i rozumiesz, że jest to możliwe. Jednak w jaki sposób oczyścić się i upodobnić się do Światła?!

Jeżeli będziesz dążył dalej, choć na razie nieświadomie, i „przymierzał" do siebie wszystko, o czym mówią te księgi, próbując zrozumieć, że napisane są o tobie i dla ciebie, to już po krótkim czasie zaczniesz czuć, jak zmienia się świat wokół ciebie. To właśnie oznacza, że rozpoczął się proces twojego oczyszczenia od zła i zmierzasz w kierunku Światła.

Trzeba powiedzieć, że na tej drodze doświadczenie upadków jest nieuniknione.

Jak mogę się powstrzymać, aby podczas takich stanów nie powiedzieć sobie: „I tak nic nie osiągnę. Człowiek jest słabą istotą i niech się zajmie sprawami ziemskimi, i nawet nie marzy o wiecznym szczęściu. Nie mam już sił, jestem zmęczony..."– lub coś w tym rodzaju. Jak z godnością pokonać te niszczące stany?

Jest taki środek i dowiesz się o tym, ale na razie przysłuchuj się sobie, bo od tego zależy twoje życie duchowe.

Stopniowo nauczysz się analizować, które z twoich właściwości należą do duchowych, a które do zwierzęcych, tj. co daje ci poczucie życia, a co – śmierci. Wtedy poczujesz szczególnie wyraźnie, że przyszło do ciebie uświadomienie sobie zła. Jest to prawdziwe przebicie się w wymiar duchowy, co oznacza, że na pewno dostaniesz „lekarstwo".

POWRÓT DO „NIEBA" I „ZIEMI"

Zapamiętaj następujące pojęcia kabalistyczne, będą ci teraz potrzebne.

„Niebo" – to właściwość obdarzania, po zdobyciu której stworzenie napełnia się Światłem miłosierdzia, przyjemnością dzięki osiągnięciu podobieństwa do Stwórcy.

„Niebo" to iskra Stwórcy w tobie – cząstka absolutnego samopoświęcenia i miłości, którą odkrywasz w sobie.

To dzięki właściwości „nieba" w tobie doznajesz niepokoju, wciąż szukasz i szukasz czegoś, czego nie ma na tym świecie.

„Ziemia" to twoje pragnienia egoistyczne. Właśnie na nich cały ten świat jest budowany.

A pomiędzy tymi dwoma krańcowymi właściwościami – „niebem" i „ziemią" – znajduje się dusza. Waha się ona jakby „zawieszona na gumce".

Znajdując się w polu tych sił, dusza w chwilach wzniesienia przybliża się do nieba, do właściwości obdarzania, do Stwórcy, a wtedy jest tak, jakbyś się unosił od przepełniającego cię szczęścia. A w chwilach upadków dusza opuszcza się na ziemię, do pragnień ciała, do egoizmu, a wtedy jesteś pochłonięty ziemskimi zmartwieniami i kalkulacjami, obawą o przyszłość i absolutną niewiarą.

Można porównać to do ruchu człowieka, utrzymującego podczas chodzenia równowagę ciała, stawiając na przemian raz prawą nogę, raz lewą.

W ten sposób naprawia się poprzez znalezienie „złotego środka", czyli wykorzystuje swoje naturalne egoistyczne pragnienie, aby zmieniając je na altruistyczne, wznosić się po duchowej drabinie do Stwórcy, zdobywając w końcu Jego właściwość obdarzania.

Można teraz powiedzieć, że naprawą jest już samo zrozumienie tego, że właściwość obdarzania istnieje, a człowiek powinien ją zdobyć. W tym celu musi pracować ze swoim egoizmem, z „ziemią"... Podczas gdy wcześniej takie zrozumienie nie istniało. Zaczynasz żyć i zbliżać się do Nieskończoności.

Twoim zadaniem jest skrócić okres upadku, nie pozwolić, aby trwał miesiącami, tygodniami, a nawet godzinami, ale zamienił się w chwile.

Musisz stale „pielęgnować niebo" w sobie. „Ziemi" mamy pod dostatkiem. Całe nasze życie jest wypełnione „ziemią", urodziliśmy się egoistami, natomiast „nieba" mamy tylko małą iskierkę.

Musimy ją rozpalić.

Przypomnij sobie swoje „dawne" życie, kiedy patrzyłeś na otaczający świat przez pryzmat „zdrowego" egoizmu! Każda wzmianka o świecie duchowym wydawała ci się wówczas czymś odwracającą twoją uwagę od prawdziwego zajęcia. „Ja tu pracuję – mówiłeś – układam swój biznes, robię karierę, zakładam rodzinę, a tu o jakichś „niebiosach" mi mówią!"

Czyli w twoim światopoglądzie świat duchowy kończył się na niejakim ledwie odczuwalnym punkcie.

Jednak dzisiaj, gdy starasz się go odczuć, kiedy twój zasób słów został uzupełniony takimi pojęciami, jak „ziemia", „niebo", egoizm, obdarzanie, życie, śmierć, tajemnica stworzenia – ponieważ świat duchowy stał się twoim upragnionym celem i zdobył wartość – teraz stał się naprawdę światem, a nie punktem. Nadal robisz karierę, zajmujesz się biznesem, budujesz dom, jednak to nie przeszkadza ci robić postępów na drodze duchowej. Chcesz żyć w dwóch światach i rozumiesz, że jest to możliwe.

Kabalistów od wszystkich innych ludzi odróżnia właśnie ich umiejętność naprawy za pomocą altruistycznej właściwości – „nieba" egoistyczną właściwość duszy – „ziemię". W żadnym wypadku nie wolno tłumić, wykorzeniać egoizmu.

Cała naprawa odbywa się w ciągu siedmiu twoich stanów zwanych „siedmioma dniami". (Teraz już sam rozumiesz, że nie chodzi o ziemskie dni. Naprawa może nastąpić w jednej chwili, w ciągu roku, długich lat, całego życia lub wielu obrotów życia – wszystko zależy tylko od ciebie.)

W Księdze Rodzaju jest napisane:

„/1:9/ …Niech się zbiorą wody spod nieba na jedno miejsce i niech się ukaże suchy ląd!…"

Jak tylko do twojej świadomości zaczęły przenikać radosne myśli o Stwórcy, o wyższym świecie, to natychmiast mimowolnie poczułeś (przecież wszystko poznaje się poprzez porównanie), że składasz się z przeciwstawnych właściwości – wszelkiego rodzaju pragnień egoistycznych, czyli z „ziemi". Dlatego mówi się, że „ukazuje się suchy ląd". Pomyślałeś o tym, że musisz coś z nim zrobić, zechciałeś, żeby na nim „pojawiło się życie", przebiły się pierwsze „kiełki" obdarzania. (Księga Rodzaju opisuje to jako pojawienie się żywych i nieżywych organizmów. Zaraz do tego dojdziemy.) Dawne życie przestało już cię zadowalać. Po prostu nie mogłeś tak żyć. W twoim sercu zabrzmiał pewien punkt połączony bezpośrednio ze Stwórcą i to on nie dawał ci spokoju.

„Sercem" nazywamy wszystkie pragnienia egoistyczne tego świata, a „punkt w sercu"– to kiełek Stwórcy, który możemy jeszcze porównać do liny ratunkowej, którą Stwórca opuszcza w nasz świat, abyśmy mogli się jej uchwycić i wspiąć się do Niego.

Jak zatem powstaje życie na ziemi? Lub mówiąc językiem kabalistycznym, jak wykorzystując nasze pragnienia egoistyczne („ziemię"), możemy wyhodować w sobie pierwsze kiełki obdarzania, jak przebić się przez swój egoizm do Stwórcy?

Realizuje się to za pomocą szczególnego Światła, które On wysyła.

Dwa rodzaje Światła zstępują od Stwórcy:

ŚWIATŁO ŻYCIA

i

ŚWIATŁO MIŁOSIERDZIA.

(Właśnie w ten sposób stworzenie je postrzega.)

Zatem korzystając z właściwości Światła miłosierdzia zwanego „wodą", człowiek nabywa zdolność obdarzania. Co to znaczy w naszym „ziemskim" rozumieniu, jak to osiągnąć? Powinieneś „obmywać się" poprzez czytanie ksiąg pozostawionych przez tych, którzy już odkryli duchowe światy i piszą dla nas ze swoich wysokości. W ten sposób przyciągasz do siebie promieniowanie Wyższego Światła zawarte w tych księgach. Na tym polega, jak już mówiliśmy, twoja praca duchowa, która jest obecna nawet w samym procesie czytania, a jeśli wykonujesz ją z intencją przemiany siebie, upodobnienia się do Światła, oczyszczenia się z egoizmu, to Światło oddziałuje na ciebie z dużo większą intensywnością. Właśnie tym aktywnym oddziaływaniem Światła utwory kabalistyczne różnią się od wszystkich innych dzieł.

Wtedy „na ziemi pojawia się życie", to znaczy zaczynasz odczuwać wyraźnie, jak w tobie powstają pierwsze nieśmiałe zarodki duchowych pragnień. Te pragnienia jeszcze nie opanowały cię całkowicie i stan twój można porównać z niemowlęciem, które jeszcze nie umie chodzić, ale już wymachuje nóżkami. Lepiej powiedzieć, że jesteś podobny do pierwszych roślin i tak jak one nie masz możliwości przemieszczania się, ale już garniesz się do słońca. W nocy jakby więdniesz, ponieważ noc można porównać ze stanami upadków, które są nieuniknione i świadczą tylko o tym, że posuwasz się naprzód. (Przecież tylko ci, którzy robią postępy, otrzymują przeszkody na drodze. Są one niezbędne, aby można było po raz kolejny dokonać wyboru, czyli prowadzić swego rodzaju „wewnętrzną walkę" i dojść do modlitwy: „Wiem, że nadejdzie poranek, i proszę, daj mi siły, abym wytrwał, przezwyciężył z godnością wszystkie upadki. Wiem, że właśnie teraz odbywa się oczyszczenie moich pragnień, które stawiają opór i żądają zatrzymania tego procesu. Działają one z pomocą logiki, wzywają do rozsądku, ale nie chcę ich słuchać. Proszę Cię o siły, abym wytrwał...") Wtedy nieuchronnie następuje poranek (stan wzniesienia, pewności, że postąpiłeś słusznie, wybierając duchową drogę) i jak roślina otwierasz się na Światło.

Powtórzmy jeszcze raz:

„Ziemia" – to egoistyczna właściwość, nasza natura. Już wiemy, że musimy ostrożnie z nią pracować (uprawiać ją).

Także wiemy, że „woda" (Światło miłosierdzia) – to nasz główny pomocnik. Ona naprawia egoizm – przenika do ziemi i stwarza warunki do powstania na niej życia. (Życiem nazywa się właściwość obdarzania, tzn. prawidłowe używanie egoizmu dla własnego dobra i dla dobra innych.)

Zapytasz, co to jest „naprawiony egoizm"? To stan, w którym doświadczasz błogości z tego, że sprawiasz przyjemność otaczającym cię ludziom, a nie z powodu tego, że wykorzystujesz ich dla własnej przyjemności. Tylko w tym stanie, który jest charakterystyczny dla świata duchowego, będziesz mógł go odczuć.

Co widzisz w naszym świecie? Przed twoim wzrokiem ukazują się wszelkiego rodzaju obiekty, rośliny, ciała...

Jak traktujesz je? – Kochasz, gdy sprawiają ci przyjemne doznania, i nienawidzisz, jeśli nie czerpiesz z nich żadnej przyjemności. To znaczy, że jesteś w absolutnie egoistycznym związku z nimi.

A co się dzieje po tym, jak naprawiasz swój egoizm, a nawet kiedy dopiero przystępujesz do jego naprawy etapami?

Nagle zaczynasz dostrzegać rzeczy, których wcześniej nie zauważałeś. Przed tobą ukazuje się prawdziwy świat, który naprawdę istnieje i zawsze istniał wokół ciebie. Świat pełen Światła, miłości i wzajemnego obdarzania. Świat Stwórcy. Tak zwany przyszły świat.

Nie widziałeś go, bo byłeś pełen ciemności i nienawiści, zasłaniał go przed tobą twój egoizm. Twój świat i „świat przyszły" nie mogły się zetknąć, ponieważ istnieją według odmiennych praw.

Wielu mylnie uważa, że „przyszły świat" – to miejsce, do którego człowiek dostaje się po śmierci.

Nie, świat nazywa się „przyszłym", ponieważ jest to twój następny stan i powinieneś osiągnąć go nie po śmierci, ale za życia, tu i teraz.

Właśnie wtedy, gdy zaczynasz pasować do „przyszłego świata", uzyskujesz zdolność jego widzenia.

Jakbyś „wychodził z siebie", opuszczał swoje ciało egoistyczne i otwierał się na nowy świat. Działa w nim tylko jedno prawo – prawo obdarzania i ty dążysz do niego, ponieważ życie tam opiera się tylko na wzajemnej miłości. Ty też tego pragniesz… i właśnie wtedy zaczynasz dostrzegać nie przedmioty naszego świata, nie ciała i obiekty, ale siłę, która tym wszystkim steruje, dlatego że stopniowo osiągasz podobieństwo do tej siły. Dążąc do dobroci, widzisz, że właśnie ta siła jest absolutną dobrocią. To ona jest Stwórcą.

W taki sposób dochodzisz do postrzegania prawdziwego Światła, dokładnie takiego, jakie emanuje od Stwórcy. Jakbyś wychodził Mu naprzeciw, zanim zdąży wejść i napełnić cię. Nie jest jeszcze osłabione przez twoje egoistyczne filtry, jest jeszcze czyste – to Światło Stwórcy – i masz teraz możliwość poczuć je. Szczęściem jest już to, że jesteś w stanie je uchwycić. Nazywa się to *usłyszeć wołanie Stwórcy*.

Później, kiedy ono przechodzi przez system twoich filtrów, w końcu pozostaje z niego ledwie jarzące się świecenie – tak osłabione, aby „nienaprawiony" człowiek był w stanie je znieść.

Właśnie to świecenie czułeś wcześniej jako punkt w sercu. Kabaliści nazywają je „cienką świecą".

Jak już zrozumiałeś, to świecenie przenika do naszego świata przez grubą warstwę egoizmu, która je zasłania.

Ono schodzi tutaj tylko po to, aby podtrzymywać życie w naszym świecie. To ono jest tą przyjemnością, która „chowa" się za wszystkimi przedmiotami tego świata. To słabiutkie Światło ubiera się we wszelkiego rodzaju szaty tego świata. A ty myślałeś, że rozkoszujesz się dobrym jedzeniem, nowym samochodem, sławą, bogactwem?! Nie! To Światło cię przyciąga! To ono obdarowuje cię przyjemnością!

Zapytasz, co by było, gdyby Go nie było?

Nasz świat nie istniałby. Nikt nie miałby chęci do życia, bo nie byłoby żadnych pragnień.

Jednak to, że teraz masz pragnienie (i to jakie) poznania całej głębi tego, co się z tobą dzieje, świadczy jedynie o tym (proszę się nie bać!), że jesteś wielkim egoistą, znacznie większym niż wszyscy inni – wystarczy im tego świata, a ty żądasz świata duchowego! To bardzo dobrze i oznacza, że nie zaznasz spokoju, póki go nie odkryjesz. Właśnie tego chce od ciebie Stwórca.

A zatem dzień trzeci – opowieść o twoich nowych pragnieniach.

DZIEŃ TRZECI

„/1:11/ **Potem rzekł Bóg: Niech się zazieleni ziemia zieloną trawą, wydającą nasienie i drzewem owocowym, rodzącym według rodzaju swego owoc, w którym jest jego nasienie na ziemi! I tak się stało. /1:12/ I wydała ziemia zieleń, ziele wydające nasienie według rodzajów jego, i drzewo owocowe, w którym jest nasienie według rodzaju jego. I widział Bóg, że to było dobre. /1:13/ I nastał wieczór, i nastał poranek – dzień trzeci”.**

Jak już mówiliśmy, po naprawie „wodą” (Światłem miłosierdzia) „ziemia” (twoje pragnienie otrzymywania) staje się zdatna do owocowania, ponieważ połączyły się w niej zarówno właściwości „wody”, jak i właściwości „ziemi” wymieszane ze sobą.

Obfita woda sama w sobie tak samo jest zgubna dla życia, jak i suchy ląd. Przypomnij sobie Noego i potop...

Właśnie na tym optymalnym połączeniu wewnątrz duszy człowieka altruistycznych i egoistycznych właściwości, „nieba” i „ziemi”, Stwórcy i stworzenia, bazuje naprawa.

Taka naprawa nazywa się poruszaniem się po „środkowej linii". Zapamiętaj tę definicję!

Nasza naturalna egoistyczna natura nazywa się „ziemią" lub lewą linią.

Prawa linia – to właściwość Stwórcy, „wody", absolutnego obdarzania. A środkowa linia jest tym, co człowiek sam powinien zbudować, łącząc w sobie prawą i lewą linię.

Oznacza to, że powinieneś wziąć tyle „wody", aby w połączeniu z „ziemią" obie te właściwości uzupełniały się wzajemnie i stwarzały warunki do „owocowania".

Należy prosić o deszcz, a nie o ulewę, zdając sobie sprawę, że wciąż nie jesteś w stanie, aby stać się jak Stwórca – obdarzający, ale jesteś już gotowy, aby postępować krok po kroku, naprawiając w pierwszej kolejności swoje mniejsze (lżejsze) pragnienia egoistyczne, tak jak jest napisane: **„I wydała ziemia zieleń, ziele wydające nasienie według rodzajów jego..."**, a następnie większe pragnienia, grubsze: **„... i drzewo owocowe, w którym jest nasienie według rodzaju jego..."**, a potem jeszcze grubsze i tak dalej... aż do absolutnej naprawy, kiedy otworzą ci się całkowicie oczy i zobaczysz przed sobą piękny świat, który Stwórca przygotował dla ciebie.

Musisz „prosić o deszcz", aby z połączenia tych dwóch właściwości („wody" i „ziemi") wyrosło w końcu „Drzewo Życia" – duchowy Człowiek odczuwający całą głębię rzeczywistości, wiecznie i szczęśliwie istniejący we wszystkich światach.

Wiecznie, ponieważ identyfikując się nie z tymczasowym ciałem, ale z nieśmiertelną duszą, człowiek zaczyna odczuwać siebie jako duszę (o tym już mówiliśmy), a ciało swoje postrzega jako przejściową, towarzyszącą jej powłokę. To przejście do identyfikacji siebie z duszą, a nie z ciałem, jest procesem czysto wewnętrznym i odbywa się w miarę opanowywania właściwości obdarzania, podczas prawidłowej pracy nad księgami kabalistycznymi.

DZIEŃ CZWARTY

„/1:14/ Potem rzekł Bóg: Niech powstaną światła na sklepieniu niebios, aby oddzielały dzień od nocy i były znakami dla oznaczenia pór, dni i lat! /1:15/ Niech będą światłami na sklepieniu niebios, aby świecić nad ziemią! I tak się stało.

/1:16/ I uczynił Bóg dwa wielkie światła: większe światło, aby rządziło dniem, i mniejsze światło, aby rządziło nocą, oraz gwiazdy. /1:17/ I umieścił je Bóg na sklepieniu niebios, aby świeciły nad ziemią. /1:18/ I rządziły dniem i nocą oraz aby oddzielały światłość od ciemności. I widział Bóg, że to było dobre. /1:19/ I nastał wieczór, i nastał poranek – dzień czwarty”.

Chciałbym przypomnieć, że Człowiek (Adam) w tobie jeszcze nie narodził się. Mówi się tu tylko o *stworzeniu środowiska*, gdzie się narodzi i będzie żył.

Co to jest „środowisko”? Są to siły, które będą wpływać na Człowieka. Siły Stwórcy. One istnieją tylko po to, aby doprowadzić go do celu stworzenia, do jedności ze Stwórcą, do nieskończonego szczęścia. (Słyszeliśmy już gdzieś, że „człowiek rodzi się po to, aby być szczęśliwym!” I to jest prawda!)

Jakie siły przejawiły się w czwartym dniu?

„Potem rzekł Bóg: Niech powstaną światła na sklepieniu niebios, aby oddzielały dzień od nocy..."

Siły te będą kierowały „nocą" i „dniem"– stanami człowieka, które będzie przezwyciężał na drodze do Stwórcy. Jestem pewien, że już doświadczyłeś okresów ciągłych wzlotów i upadków. Właśnie one są „dniem i nocą".

„Dzień"– to stan wzniesienia, kiedy czujesz pewność, że znajdujesz się na właściwej drodze. Uskrzydla cię nadzieja, że lada chwila otworzą się przed tobą drzwi do świata duchowego... „Noc" natomiast jest to stan upadku, kiedy nic cię nie cieszy i wydaje się, że żaden świat duchowy w ogóle nie istnieje, a wszystko jest wymyślone... „Jakie zmęczenie!... Po co marnuję życie na te bzdury?..."

To twój egoizm podsuwa ci takie pytania. Znajduje odpowiedni moment do ataku, bo wie, że jeśli wytrwasz i przebijesz się do wymiaru duchowego, to wymkniesz się z jego niewoli. Oczywiście, nie jest to dla niego pożądane. W ten sposób nadchodzą znane pytania: „Na kogo pracujesz?", „Czyżbyś Go widział?", „Gdzie jest twój rozum?!", „Rozejrzyj się wokół: wszyscy żyją spokojnie, cieszą się życiem, a ty rwiesz się do czegoś nierealnego!"... Krótko mówiąc, nie będziemy się powtarzać, wszystko i tak jasne.

Chciałbym doradzić tylko jedno: w chwili zwanej „nocą" obok ciebie powinni być ludzie, którzy tak samo jak ty szukają drogi do świata duchowego. Ludzie o podobnych poglądach. Oni będą cię wspierać, wezmą na siebie cios egoizmu i wtedy zrozumiesz, że nie sam, ale razem przetrwacie.

Jeszcze jedna przydatna rada: idź już spać, bo nastąpiła noc.

Co to znaczy „spać"? Znaczy odłączyć się od wszystkich dokuczliwych pytań, nie słyszeć ich, nie rozglądać się wokoło, pominąć ten okres – i tak jest „ciemno na zewnątrz".

„Połóż się i śpij", aby twoja głowa (myśli, kalkulacje) i ciało (pragnienia) znajdowały się na jednym poziomie, jak u zwierzęcia. To znaczy, że nic „nie przyjmujesz, nie wpuszczasz w siebie". Jakbyś „anulował" siebie... przeczekiwał, nabierał sił. Żadnych myśli, decyzji, ruchów...– i jest to prawidłowe. Lada chwila nadejdzie poranek. I ty wiesz o tym.

„Poranek" to nowe wzniesienie, wyjście ze stanu upadku.

Możesz zapytać, dlaczego Stwórca daje nam te stany wzniesień i upadków? Czy nie mógł od razu obdarować nas tym całym dobrem, które zaplanował dla nas na przyszłość, nie męcząc nas i nie poddając zwątpieniu?

Ponieważ wtedy nie zrobiłbyś żadnego postępu. Nie ma go bez zmiany stanów.

Tylko poprzez przezwyciężanie rodzi się prawdziwy „człowiek", prawdziwy „mężczyzna". Powtarzam: ciągle mówimy tylko o tym, co zachodzi wewnątrz nas, a tam współistnieją „mężczyzna" i „kobieta". Tak więc mówi się tu o tym „wewnętrznym mężczyźnie" (gewer), co z hebrajskiego oznacza „przezwyciężanie" (itgabrut).

Spróbuj na przykład dawać swojemu dziecku wszystko, co tylko zechce. Przestanie ono wtedy rozwijać się i wyrośnie na rozpieszczonego, kapryśnego, egoistycznego, niewrażliwego na cudze cierpienia, zimnego człowieka. Czy to cię zadowoli?... Dlatego też dziecko powinno przejść przez wszystkie wymagania. Dla każdej duszy została określona jej osobista droga do Celu.

Ponadto, gdyby Stwórca od razu umieścił cię w lepszych warunkach, to przytłoczyłby cię Światłem. Pozbawiony byłbyś wszelkiej wolności wyboru i stałbyś się niewolnikiem tego stanu. Kto by chciał zrezygnować z absolutnego szczęścia?! Ale Stwórca nie potrzebuje cię takiego. Nie chce niewolnika Światła. Potrzebuje przyjaciela równego sobie, a takim możesz się stać, tylko jeśli przejdziesz przez wszystkie stany i sam wybierzesz Stwórcę.

Twoim zadaniem jest, aby za „śmiertelnymi" ciałami dostrzec nieśmiertelną duszę, a wtedy wszystkie pytania natychmiast znikną same i zobaczysz, jakie dobro emanuje od Stwórcy i że do każdej duszy ma On szczególne podejście. Jest On ciągle z nami, trzeba tylko zaufać Jego metodom wychowywania. Musimy być jak dziecko, które przyjmuje rady kochającego ojca. Przecież dziecko wie, że może polegać na ojcu we wszystkim, i powierza się jego opiece.

Nie bez powodu w tym rozdziale jest powiedziane, że ciała niebieskie ustalające dzień i noc – to znaczy moje stany – znajdują się na niebie: **„Niech będą światłami na sklepieniu niebios, aby świecić nad ziemią".**

„Niebo" – to moja właściwość obdarzania, właściwość Stwórcy. Ponieważ „ciała niebieskie znajdują się na niebie i oświetlają ziemię" (egoistyczne pragnienia), to z tego wynika, że pragnienia egoistyczne podporządkowują się „niebu" – altruistycznej właściwości w nas, Stwórcy.

„/1:17/ I umieścił je Bóg na sklepieniu niebios, aby świeciły nad ziemią. /1:18/ I rządziły dniem i nocą oraz aby oddzielały światłość od ciemności..."

Wynika z tego, że jedynie „ciała niebieskie" mają wpływ na zmianę naszych stanów, oddzielają je od siebie: **„...i rządziły dniem i nocą oraz aby oddzielały światłość od ciemności..."**

Powtórzmy jeszcze raz: ten tekst Starego Testamentu opisuje strukturę świata,

w którym zamieszka Człowiek w tobie – Adam. Sklepienie nieba, ziemia, ciała niebieskie – są to altruistyczne i egoistyczne właściwości, w których będzie istniał.

Stwórca będzie dążył do doprowadzenia człowieka do poznania świata duchowego. W tym celu musimy odnieść się do swoich wewnętrznych właściwości, do „Człowieka" wewnątrz nas. Jeżeli nam się to uda, to przejdziemy razem ze Stwórcą przez wszystkie przygotowane dla nas stany – „dzień" i „noc", „poranek" i „wieczór" – jako stany duchowe, których celem jest doprowadzenie nas do Nieskończoności, do istnienia w wyższym świecie.

„...i były znakami dla oznaczenia pór, dni i lat..."

Należy pamiętać, że gdy mówi się o czasie, to nie chodzi o nasze ziemskie dni, miesiące i lata. Nie ma czasu w świecie duchowym. Jaki może być czas w

nieskończoności?! Jesteś już połączony z wieczną, nieśmiertelną duszą, więc o jakim czasie może być mowa?!... Jest tylko *zmiana stanów*, wspinanie się po duchowej drabinie, coraz wyżej i wyżej.

Wobec tego „dzień" symbolizuje zmianę stanów – wzniesienia i upadku w granicach jednego stopnia („poranek", „dzień", „wieczór"– razem to „jeden dzień") przed przejściem na następny stopień.

Miesiąc – „chodesz" od słowa „mitchadesz", co znaczy „odnowienie" – co oznacza powrót do poprzedniego stanu, ale na innym, wyższym, odnowionym poziomie. Już pokonano trzydzieści wzniesień i upadków... Za każdym razem dodaje ci się pracę nad swoim egoizmem. Upadasz, radzisz sobie i znów wspinasz się po drabinie...

Rok („szana" od słowa „leszanen"–„powrót") – jest to jakby ruch po spirali, powrót do tego samego stanu, ale na wyższym poziomie. Tak czy inaczej wznosisz się. Cel jest jasny.

„Dni", „miesiące" i „lata" istnieją w tobie. „Przechodzisz" przez nie, naprawiając swoje coraz to nowe egoistyczne pragnienia – od lżejszych do trudniejszych.

Do naprawy niektórych pragnień potrzebujesz „dnia", a do innych – „miesiąca" czy „roku"... Jednak ruch ten niezmiennie jest skierowany ku górze.

DZIEŃ PIĄTY

„/1:20/ Potem rzekł Bóg: Niech zaroją się wody mrowiem istot żywych, a ptactwo niech lata nad ziemią pod sklepieniem niebios! /1:21/ I stworzył Bóg wielkie potwory i wszelkie żywe, ruchliwe istoty, którymi zaroiły się wody według ich rodzajów, nadto wszelkie ptactwo skrzydlate według rodzajów jego; i widział Bóg, że to było dobre. /1:22/

I błogosławił im Bóg mówiąc: Rozradzajcie się i rozmnażajcie się, i napełniajcie wody w morzach, a ptactwo niech się rozmnaża na ziemi! /1:23/ I nastał wieczór, i nastał poranek – dzień piąty."

Księga Zohar opisuje każdy dzień stworzenia jako „wznoszenie sal" wewnątrz człowieka, tak zwanych „niebiańskich pałaców" (po hebrajsku „hejchalot", co znaczy „puste przestrzenie pragnień"). W miarę naprawy egoistycznych właściwości duszy na przeciwstawne pustki te stopniowo wypełniają się wyższym Światłem. Właśnie do tego człowiek podświadomie dąży. Ludzie w stanie klinicznej śmierci częściowo, w bardzo małym stopniu, odczuwają to wyższe Światło i potem opowiadają o szczególnym, cudownym, nieziemskim doświadczeniu spokoju i radości. Stopniowe wypełnienie pustych przestrzeni prowadzi wszystkie dusze do stanu ostatecznej naprawy i doskonałości.

W rozdziale „Język gałęzi" mówiliśmy, że siły Stwórcy są opisane słowami naszego języka; na przykład w Księdze Rodzaju są nazywane rybami, płazami itd.

„...Niech zaroją się wody mrowiem istot żywych, a ptactwo niech lata nad ziemią pod sklepieniem niebios..."

Czytając te wiersze, powinieneś wyraźnie wyobrazić sobie wszystkie działania, które musisz wykonać w celu swojej naprawy. Przyjrzyjmy się słowu „ryba" (po hebrajsku „dag"). Ono powstało od słowa „daaga", co znaczy „troska". Więc spotykając je w tekście, musisz wiedzieć, że nie mówi się tu o rybach pływających w wodzie (pamiętasz, że „woda" to Światło miłosierdzia), ale o trosce. O co masz się troszczyć? – Jedynie o zbliżenie się do Stwórcy. Innej troski nie powinieneś mieć. To właśnie o tym pragnieniu wejścia do świata duchowego mówi się ciągle w Księdze Rodzaju.

Jednak na razie musimy zrozumieć „prostą" rzecz, że wszystkie pragnienia znajdują się wewnątrz nas. Jesteśmy nimi przepełnieni. W nienaprawionej formie wyglądają jak przedmioty naszego świata, a w naprawionej – to siły Stwórcy kierowane przez Jego Światło.

Tak więc w piątym dniu mówi się o pragnieniach, które powinieneś naprawiać w pierwszej kolejności, ponieważ są „lżejsze", inaczej mówiąc, łatwiej poddają się naprawie: „**...a ptactwo niech lata nad ziemią pod sklepieniem niebios...**"

Te „ptaki" stykają się z „ziemią" (z twoją egoistyczną naturą), a nie „wyrastają" z niej, ale one też podlegają naprawie w oparciu o egoistyczną naturę: „**...a ptactwo niech się rozmnaża na ziemi...**"

Drogi czytelniku, ty też powinieneś w ten sam sposób iść naprzód, wyodrębniając w sobie pragnienia egoistyczne, do których możesz dołączyć altruistyczną intencję, starając się je naprawić. Tylko nie licz na to, że już od pierwszych kroków, od razu odniesiesz sukces na tej drodze. Na początek staraj się tylko o tym *myśleć* – myśleć i czytać kabalistyczne księgi. Głównie dzieła Baal HaSulama, który starożytne źródła kabalistyczne czasów Abrahama, Mojżesza i Ari zaadaptował dla naszego pokolenia.

Wróćmy jednak do Księgi Rodzaju. Przychodzi teraz kolej na naprawę „trudniejszych"

pragnień, które są już związane z „ziemią". Zostały jakby przez nią stworzone, „wyrosły z ziemi".

Powstają nowe przestrzenie („hejchalot" – „sale"), które w miarę naprawy tych „trudniejszych" egoistycznych pragnień będą wypełniać się Światłem.

Nadchodzi dzień szósty.

DZIEŃ SZÓSTY

„/1:24/ Potem rzekł Bóg: Niech wyda ziemia istotę żywą według rodzaju jej: bydło, płazy i dzikie zwierzęta według rodzajów ich. I tak się stało. /1:25/ I uczynił Bóg dzikie zwierzęta według rodzajów ich, i bydło według rodzaju jego i wszelkie płazy ziemne według rodzajów ich; i widział Bóg, że to było dobre".

Stwórca stworzył tylko jedno pragnienie – pragnienie przyjemności, ale jest ono na tyle wszechogarniające (przecież chodzi o niekończącą się błogość, a właśnie to jest celem stworzenia człowieka – napełnić go nieograniczoną rozkoszą), że rzeczą niemożliwą jest doprowadzenie nas natychmiast do ostatecznego celu. Powinno to być dokonane etapami. Z tego powodu *pragnienie przyjemności* w nas rozbiło się na masę drobniejszych pragnień, które naprawiając jedno po drugim, od „lekkich" do „cięższych", możemy dojść do nieskończonej błogości, do absolutnego, stałego spełnienia, które przygotował dla nas Stwórca.

(Dla tych, w których obudził się punkt w sercu, dążenie do duchowej przyjemności, praca ze swoimi pragnieniami staje się fascynującą podróżą do wyższego świata).

Następnie w Księdze Rodzaju opisuje się etap, kiedy pokonaliśmy naprawę „lżejszych" pragnień i teraz przychodzi kolej na „cięższe" pragnienia, które „wyszły z ziemi".

„Niech wyda ziemia istotę żywą według rodzaju jej..."

Jak już wiesz, czytelniku, trwa aktywne przygotowanie do narodzin „człowieka" w tobie. Podczas tego procesu pojawiają się coraz to nowe pragnienia, jednak nie są na razie wykorzystywane dla własnej przyjemności.

„...I widział Bóg, że to było dobre".

Słowo „dobre" oznacza, że te pragnienia są naprawdę czyste.

Jednak kto może wykorzystać je dla siebie? Tylko człowiek. I oto nadchodzi jego kolej, aby „urodzić się".

Rodzi się w tobie „Człowiek".

„/1:26/ Potem rzekł Bóg: Uczyńmy człowieka na obraz nasz, podobnego do nas i niech panuje nad rybami morskimi i nad ptactwem niebios, i nad bydłem, i nad całą ziemią, i nad wszelkim płazem pełzającym po ziemi. /1:27/ I stworzył Bóg człowieka na obraz swój..."

Oznacza to, że rodzi się „człowiek w tobie", który będzie panował nad wszystkimi pragnieniami: **„...i niech panuje nad rybami morskimi i nad ptactwem niebios, i nad bydłem, i nad całą ziemią, i nad wszelkim płazem pełzającym po ziemi..."**

Wszystkie te pragnienia zostały stworzone właśnie dla niego. „Człowieka w tobie" czeka niełatwa droga, aby zrozumiał, że władza nad nimi nie oznacza *wykorzystania dla siebie*, w przeciwnym razie tylko zaszkodzi sobie i światu. Wręcz przeciwnie, pragnienia należy używać w taki sposób, aby sprawiać radość innym, ponieważ w stosunku do pragnień innych zawsze jesteś wolny, wyraźnie oddzielasz siebie od innych, jasno rozumiesz: to jestem ja, a to – oni.

Porozmawiamy o tym później, tymczasem niezwykle ważne jest, abyś zrozumiał: gdy zaczynasz odczuwać inne dusze wokół siebie, to zaczynasz czuć się wobec nich jak Stwórca. Właśnie na tym polega twoja możliwość stać się wolnym, to znaczy stać się podobnym do Stwórcy. Do tego stanu na pewno dojdziemy wszyscy razem i zrozumiemy, *co* należy robić, aby zadowolić Dającego.

Wróćmy na razie do sytuacji opisanej w Księdze Rodzaju. Przed „narodzinami człowieka w tobie" byłeś napełniony tylko nieożywionymi, roślinnymi i zwierzęcymi pragnieniami.

Co to znaczy?

Jest na to bardzo proste wyjaśnienie. *Nieożywione pragnienie* oznacza stan, kiedy chcesz jedynie leżeć, nie myśląc o niczym, jak kamień przy drodze, nic nie słysząc, na nic nie reagując, z jedyną myślą: „Zostawcie mnie w spokoju". Albo siedzieć przed telewizorem z wyciągniętymi nogami, łuskając ziarna słonecznika i przepuszczając przez siebie „ekranową gumę do żucia". Dopiero później zdajesz sobie sprawę, że cały ten czas został zmarnowany. Przypomnij sobie, ile razy byłeś w podobnych stanach!

Pragnienie roślinne – jest to stan, kiedy reagujesz na zewnętrzne bodźce, jednak nadal nie ruszasz się z miejsca, jakbyś był przywiązany do ziemi (związany swoim egoizmem). Już garniesz się do słońca, jak roślina, czyli zaczyna w tobie pojawiać się chęć do poruszania się, masz wzloty i upadki, tak jak u rośliny, która kwitnie w dzień i zamyka się w nocy. Już zadajesz pytanie: „Dlaczego cierpię?” Garniesz się do Światła i prosisz o „podlanie wodą”.

Jednak na razie martwisz się jedynie o swój wzrost. Ty spożywasz, nie jesteś kamieniem i to już jest postęp...

Pragnienie zwierzęce oznacza już przemieszczanie się i poszukiwanie pożywienia. Aby to wszystko zdobyć, trzeba popracować. Może nawet warto połączyć się z sobie podobnymi, zbić się w stado, zgrupować się, zdając sobie sprawę, że w taki sposób łatwiej jest zdobyć pożywienie. Troszczysz się również o kontynuację rodu i wychowanie potomstwa.

Nagle budzi się w tobie najtrudniejsze, najwyższe pragnienie, obejmujące wszystkie inne. Nazywa się „Człowiek wewnątrz nas”.

Człowiek w hebrajskim to Adam. Słowo „Adam” pochodzi od słowa „dome”, co oznacza „podobny”.

Do kogo jest podobny? – Do Stwórcy.

Czym jest podobny? – Swoimi właściwościami.

Właściwości Stwórcy to pełne obdarzanie, absolutna, bezgraniczna miłość. Właśnie takim chce i powinien być Adam, który odczuwa Stwórcę (ciągle powtarzamy i będziemy powtarzać, dopóki te właściwości nie staną się najpierw zwyczajne, następnie zrozumiałe i dopiero potem odczuwalne przez nas...). Takim powinien stać się człowiek i dopiero wtedy znajdzie się w Ogrodzie Eden, to znaczy będzie dostosowany do Ogrodu i jego Gospodarza... Później porozmawiamy na ten fascynujący temat o tym, gdzie znajduje się w nas „Ogród Eden” i Adam w nim.

Z powyższego wynika, że tylko ten, kto dąży do bycia podobnym do Stwórcy, narodzenia się duchowo, może być nazywany Adamem, Człowiekiem (podobnym do Stwórcy). Tylko o nim mowa w całej Księdze Rodzaju i tylko ten, który dąży do tego stanu, może nauczyć się czytać ją prawidłowo.

Wszyscy inni w opowiadaniach Księgi będą widzieć wszelkiego rodzaju pouczenia o tym, jak należy przystosować się do życia, jak się zachowywać, aby odnieść sukces.

„Adam" – właśnie takie pragnienie narodziło się w tobie, dlatego czytasz dalej ten tekst. Wszystkie poprzednie pragnienia już cię nie zadowalają... „Przeleżałeś", ile trzeba, przed telewizorem, nie pociąga cię już bogactwo ani wyczerpująca praca w celu osiągnięcia sławy i honorów...

A co to znaczy? – W tobie „obudził się" pewien punkt, który nazywany jest „Adamem w tobie" lub „punktem w sercu". Jest on połączony ze Stwórcą i chce być podobny do Niego, ponieważ pochodzi od Niego.

Dlatego w Księdze Rodzaju jest powiedziane: **„Uczyńmy człowieka na obraz nasz, podobnego do nas"**.

„Na obraz i podobieństwo" – w oryginale brzmi „Be celem".

„Celem" oznacza „obraz Najwyższego". Jest to część Stwórcy (wyższy stopień), która zstępuje do duszy człowieka i wnosi do niej właściwości Stwórcy.

Innymi słowy, jest to ʻaparatʼ Wyższego Sterowania, który zarządza wszystkimi duszami, ich drogami i kolejnością naprawy.

Ten aparat zarządzający połączony jest bezpośrednio z „punktem w sercu" człowieka, z Adamem w nas.

Jak już mówiliśmy, „sercem" nazywane są wszystkie nasze ziemskie pragnienia egoistyczne, a „punktem w sercu" – pragnienia skierowane na osiągnięcie świata duchowego. Punkt ten nie jest związany z sercem. Został nam dany przez Stwórcę i obecny jest w każdym z nas, ale nie budzi się od razu.

Dlaczego to tylko punkt? Ponieważ duchowe pragnienia nie są jeszcze rozwinięte w tobie. Są jak małe dziecko stawiające pierwsze kroki, dlatego uważane są za „punkt".

Twój „Adam" stawia pierwsze kroki. Jest bezpośrednio połączony z „rodzicami" (ze Stwórcą) i nie może się obejść bez tego połączenia. Chce dorosnąć i stać się taki jak jego „rodzice".

Jak już powiedzieliśmy, poprzez ten punkt Stwórca łączy się z nami i zaczyna „budować" w nas swój obraz, przyłącza nas do swojego aparatu sterowania.

Powtórzmy jeszcze raz, w jakim celu ten aparat został stworzony.

Aby dać ci informację o programie stworzenia, o drodze, którą musisz przejść. Bez postrzegania duchowych światów nie wiesz, jak postępować, jak zrobić następny krok; nie rozumiesz, czego się od ciebie wymaga. Dlatego ciągle popełniasz błędy i cierpisz. Jesteś jak niewidomy kotek w ogromnym świecie. Abyś zdobył wszystkie właściwości niezbędne do rozwoju, wyższy stopień musi cię nauczyć, pokazać, *jak* i *co* trzeba robić. W tym celu zstępuje z niego narzędzie pomocnicze zwane „Celem".

Wchodzi w duszę i powoduje w niej wszystkie niezbędne naprawy. Dlatego powiedziano, że za pomocą obrazu Najwyższego zostaje stworzony Człowiek – Adam. Staje się najważniejszym stworzeniem. Koroną stworzenia.

ODPOWIEDZIALNOŚĆ ZA ŚWIAT

/1:26/ „...I niech panuje nad rybami morskimi i nad ptactwem niebios, i nad bydłem, i nad całą ziemią, i nad wszelkim płazem pełzającym po ziemi. /1:27/ I stworzył Bóg człowieka na obraz swój...”

Okazuje się, że naprawiając swoje pragnienia egoistyczne (nieożywione, roślinne, zwierzęce), naprawiasz również cały wszechświat. Na razie tylko zapamiętaj to stwierdzenie, później je wyjaśnimy, a zobaczysz, jak od twojej pracy nad sobą zależy wszystko, co dzieje się wokół ciebie.

Człowiek ponosi wielką odpowiedzialność za wszystko, co dzieje się na świecie. Dopóki nie zdaje sobie z tego sprawy i żyje napędzany zwierzęcymi pragnieniami, nie ma co od niego żądać, a gdy zrozumie, wtedy zacznie się prawdziwa praca, ta, z powodu której został stworzony.

„Czyli co z tego wynika? – zapytasz. – Jeżeli będę podążał drogą naprawy (przede wszystkim nie „jeżeli”, ale prędzej czy później wszyscy *będą musieli* „podążać”), to automatycznie naprawię również całą otaczającą mnie przyrodę?” Odpowiedź brzmi: „Tak. Wszystko, co dzieje się z przyrodą, jest odzwierciedleniem wewnętrznych stanów człowieka. Nadchodząca katastrofa ekologiczna, zanieczyszczenie rzek, mórz, wyginięcie zwierząt, huragany i wszystko inne jest odbiciem nas samych, naszej istoty egoistycznej, której jesteśmy niewolnikami. Wewnątrz nas znajduje się cały świat i czeka, aż zrozumiemy, że jesteśmy odpowiedzialni za wszystko, co się w nim dzieje, zrozumiemy i naprawimy się".

Na przykład jest skała, nazwijmy ją „Stwórcą". Jest w niej tyle procent łupków, tyle procent wapnia, tyle złota i tyle innych minerałów... Pytanie: „Ile procent tych samych minerałów znajduje się w odłamku skały?" Odpowiedź: „Tyle samo". Przecież ten kawałek skały jest jej częścią i jego skład jest podobny do składu całego monolitu. Dlatego też geologom wystarczy odłamek skały, żeby zrozumieć, z czego się składa.

Każdy z nas jest odłamkiem „skały", czyli Stwórcy. „Zawieramy" w sobie te same właściwości miłości i obdarzania, jakie istnieją w Nim. Tylko „oderwaliśmy się" od Niego. Co było tego przyczyną? „Oderwał" nas egoizm – właściwość, która jest całkowicie przeciwna Stwórcy.

Jak mamy do Niego wrócić? To bardzo proste: w chwili, gdy uświadomimy sobie, że jesteśmy przeciwieństwem Stwórcy i zechcemy wrócić do Domu, do Niego, właśnie wtedy zaczniemy drogę powrotną. Najważniejszą rzeczą na duchowej drodze jest zechcieć! Jednak to pragnienie musi być przez nas odczuwane prawdziwie, do samego końca, aż do bólu, do krzyku!

Wszystkim rządzi tylko pragnienie. Jest podstawą wszystkiego na świecie. Twoim zadaniem jest ponownie przylgnąć do Stwórcy. Jeśli masz takie pragnienie, to zobaczysz, co będzie się z tobą działo. Zaczniesz wyzwalać się z niewoli samolubstwa i natychmiast poczujesz zmiany w otaczającej przyrodzie. Nie będzie wtedy potrzeby zwoływania kongresów ekologów, tworzenia ruchu „zielonych" czy organizacji zajmującej się ochroną zagrożonych gatunków zwierząt. Człowiek zrozumie, że wszystko jest z nim związane. Musimy wznieść się ponad egoizm i skierować się ku Stwórcy. Do tego wzywają wszystkie wielkie księgi napisane przez kabalistów. Wtedy wszystko natychmiast się zmieni.

Zrozumiemy jeszcze jedną prawdę:

Stwórca stworzył nas „na swój obraz i podobieństwo". I nigdy nie wychodziliśmy z tego stanu.

Co to znaczy „na swój obraz i podobieństwo"? Znaczy to, że Stwórca lub właściwość obdarzania (co jest tym samym) stworzył świat, który istnieje w ramach prawa obdarzania. Jeśli jesteśmy stworzeni na obraz i podobieństwo Stwórcy, to będziemy żyć w tym świecie, będzie on w nas obecny tylko pod warunkiem, że będziemy przestrzegać prawa tego świata – prawa obdarzania.

Znajdowaliśmy się i ciągle znajdujemy się w „ogrodzie Eden".

Nie widzimy i nie odczuwamy tego, ponieważ nasz egoizm przeszkadza nam to zobaczyć, poczuć. Zasłania przed nami prawdziwy obraz, malując swój fałszywy, egoistyczny.

Człowiek patrzy na świat od wewnątrz. Jeżeli jesteśmy brudni, świat też wydaje się nam takim, a jeśli jesteśmy czyści, to świat wokół też jest czysty.

Żyliśmy w kłamstwie, a teraz chcemy dojść do Prawdy. Jeśli taka myśl już w nas żyje, to naprzód! – do wyjścia z lochu!

DZIEŃ SIÓDMY

„/2:1/ Tak zostały ukończone niebo i ziemia oraz cały ich zastęp. /2:2/ I ukończył Bóg w siódmym dniu dzieło swoje, które uczynił, i odpoczął dnia siódmego od wszelkiego dzieła, które uczynił. /2:3/ I pobłogosławił Bóg dzień siódmy, i poświęcił go…"

Cała praca człowieka, z powodu której się rodzi, polega na zdobyciu właściwości Stwórcy, właściwości obdarzania. Z jej pomocą naprawia siebie i w miarę naprawy wznosi się coraz wyżej po duchowej drabinie ku doskonałości i nieskończoności, coraz bardziej zbliżając się do Stwórcy.

Co robiliśmy przez sześć poprzednich dni lub inaczej sześć etapów naprawy? Mówiąc obrazowo, rozpatrywaliśmy swoje egoistyczne pragnienia przez pryzmat właściwości obdarzania. Na każdym stopniu porównywaliśmy się ze Stwórcą i widzieliśmy, że mamy jeszcze dużo pracy nad sobą. W ten sposób jakbyśmy się zagłębiali w nasze „Ja". Przez sześć „dni" posuwaliśmy się od „łatwiejszych" (pod względem naprawy) pragnień do „trudniejszych".

Te sześć stopni posuwania się w języku Kabały nosi nazwę *sfirot* od słowa „sapir", co w przekładzie z hebrajskiego oznacza „świecenie". Wymieńmy ich nazwy: *Chesed, Gwura, Tiferet, Necach, Hod, Jesod.*

Każdy stopień ma swoje świecenie.

Kabalista jako osoba, która jest w połączeniu ze światem duchowym, odczuwa to bardzo wyraźnie. Pracując z „lżejszymi" pragnieniami egoistycznymi, wznosi się na stopień *Chesed.* Całe jego zadanie polega na „dostrojeniu" siebie względem Stwórcy. Wszystkie jego zamierzenia skupiają się na jednym: „Jak mogę sprawić, aby komunikacja ze mną sprawiała Mu radość? Jak mogę zmienić swoje egoistyczne pragnienie na pragnienie obdarzania? Na tym stopniu On jest taki czysty, dający! Chcę stać się podobnym do Niego i wiem, że On też tego chce. Nie da się tego osiągnąć bezpośrednio, wprost. W Jego Świetle widzę siebie na wskroś egoistycznym i rozumiem, że taka jest moja natura. Jak mogę ją obejść?..."

Rozumując w ten sposób, człowiek jakby mówił do Stwórcy: „Przecież Ty stworzyłeś mnie takiego, abym otrzymywał rozkosz... Co mam teraz wymyślić, abym mógł otrzymywać, jednocześnie obdarzając? Przecież w tym jest *wieczna rozkosz*, ze względu na którą stworzyłeś mnie, a nie dla tymczasowej egoistycznej przyjemności. Nie! Co mogę wymyślić, aby sprawiać Ci radość jako Ojcu, który marzy, aby widzieć swojego syna szczęśliwego?"

Odpowiedź znajduje się w samym pytaniu: *otrzymywać, aby cieszyć. Jak?... Zmieniając intencję.* Konieczne jest, aby zamienić swoją intencję ze zwyczajnego „Ponieważ jest mi dobrze" na „Ponieważ tym samym sprawiam radość Stwórcy". Możliwe to jest pod jednym warunkiem: jeżeli na danym stopniu (na przykład „Chesed") „widzisz" Go, czyli odczuwasz wyraźnie *majestatyczność właściwości obdarzania* i nikczemność, próżność egoizmu. Jeśli Stwórca wysłucha twoich próśb i objawi ci to zrozumienie, wtedy będziesz w stanie zmienić swoją *intencję.* Zechcesz być obdarzającym i zrozumiesz, że nie ma większej radości dla Stwórcy. Jeśli tak się stanie, oznacza to, że zbudowałeś *ekran.*

EKRAN

Ekran – to siła oporu wobec egoistycznych pragnień. Jeżeli uzyskasz tę siłę, to będziesz na dobrej drodze i już nigdy nie zawrócisz z niej, ale będziesz zmierzał prosto do Stwórcy. W tym miejscu powinienem poczynić pewne zastrzeżenie: nie da się zbudować ekranu własnymi siłami, można go jedynie „wybłagać" od Stwórcy lub od wyższego stopnia, co jest tym samym. Wyższym w świecie duchowym jest stopień znajdujący się tuż *nad twoim obecnym stanem*. Właśnie on jest dla ciebie *Stwórcą*. Poznajesz jedno z imion Stwórcy. (Pamiętasz, o tym już mówiliśmy?)

Na każdym kolejnym stopniu będziesz coraz bardziej poznawał Stwórcę, co oznacza, że będziesz odkrywał coraz to nowe Jego imię, aż dojdziesz do Jego pełnego objawienia.

Kiedy więc zdobywasz ekran? Gdy Wyższy poczuje, że jesteś gotowy zrobić dla niego wszystko. Kiedy nie będziesz miał rozumowania typu: „Chciałbym zachować przyjemność, jaką czerpię z udanego biznesu, chciałbym mieć więcej pieniędzy, ponieważ daje to poczucie bezpieczeństwa, a z drugiej strony chciałbym też doświadczyć duchowych doznań. Mówią, że jest w nich coś wyjątkowego. Ja też to czuję..."

Nie, tak nie może być. W ten sposób nie uzyskasz ekranu dla swoich egoistycznych pragnień. Będziesz dalej „koziołkować" w poszukiwaniu ziemskich przyjemności, ponieważ czujesz się z nimi komfortowo, bo brakuje w twoich słowach prawdziwej prośby. Prośba musi pochodzić tylko z serca i jest tylko jedna: „Daj mi siły, abym był taki jak Ty – obdarzający... Pomóż mi się naprawić... Błagam..."

Jeżeli twoja prośba jest naprawdę szczera, wtedy otrzymasz ekran. Oznacza to, że musisz „naprawić" egoistyczne pragnienia za pomocą *intencji obdarzania*.

Każdego dnia jakbyś umieszczał swoje „Ja" w laboratorium Stwórcy i prosił o „lekarstwo" – ekran, abyś w końcu otworzył oczy i zobaczył prawdziwy obraz rzeczywistości. W tym laboratorium są ci dodawane egoistyczne pragnienia i musisz zacząć z nimi pracować, poczuć je, sprawdzić swój stosunek do nich, zrozumieć, że te pragnienia są bardzo mocne, a następnie poprosić o ekran – *siłę*, która może uchronić cię przed upadkiem z danego stopnia.

Cel jest jeden – naprawić cały swój egoizm, który jest ci dodawany w porcjach w miarę wspinania się w górę, w miarę dojrzewania. Stopniowo, krok po kroku, przechodzisz z jednego stopnia na następny: poradziłeś sobie z jedną porcją egoizmu – dostajesz możliwość wzniesienia się, czyli zbliżenia do następnych egoistycznych pragnień. Następnie pracujesz z nimi, czyli naprawiasz swoją intencję z egoistycznej na altruistyczną, aby powiedzieć: „Otrzymuję i tym sprawiam Ci radość..." Na każdym stopniu, jak już mówiliśmy, jest inna praca, inny ekran i inne imię Stwórcy.

Wszystkie wymienione sześć dni stworzenia odnoszą się do sześciu sfirot w następujący sposób: „Chesed" – to pierwszy dzień, „Gwura" – drugi dzień, Tiferet – trzeci dzień, „Necach" – czwarty dzień, „Hod" – piąty dzień i „Jesod" – szósty dzień.

Te sześć kolejnych napraw zwanych sześcioma dniami stworzenia nazywanych jest również sześcioma tysiącleciami stworzenia lub sześcioma stopniami zagłębiania się w siebie, podczas których ludzkość pracuje „w pocie czoła", naprawiając swój egoizm. (Żyjemy obecnie w 5768 roku – 2007 rok według kalendarza gregoriańskiego – pod koniec szóstego tysiąclecia.)

„A co z ostatnim siódmym stopniem?" – zapytasz.

SOBOTA – SIÓDMY STOPIEŃ

Ostatni, siódmy stopień jest nazywany *zakończonym, samodzielnym stworzeniem*, które samo chce otrzymywać i czuje się otrzymujące. Jest to ostatni etap każdego stopnia. Nasz korzeń.

Ten stopień nie jest w stanie naprawić się sam, ponieważ jest centrum egoizmu, jego podstawą. Dopiero po doświadczeniu sześciu poprzednich napraw (sześciu dni stworzenia) ma możliwość „wchłonięcia" ich w siebie, czyli otrzymania od nich ich właściwości.

Dlatego zadanie „siódmego dnia" polega na tym, aby wszystko, co było zgromadzone i stworzone w ciągu sześciu dni, weszło w ukończone, samodzielne stworzenie.

Ten siódmy stopień nazywany jest Sobotą, szczególnym dniem, ponieważ w tym stanie dusze napełniają się wyższym Światłem. Jedynym warunkiem jest „nie przeszkadzać" temu procesowi, co symbolicznie przekazują sobotnie prawa... To tak, jakbyś odłożył wiosła i płynął z prądem. W Świetle. Przestrzegasz tych praw i w ten sposób nie „włączasz" swojego egoizmu. Jest również powiedziane: „Kto dobrze pracował w ciągu sześciu dni, będzie miał co jeść siódmego dnia", co oznacza, jak już rozumiesz: jeśli pracowałeś nad swoimi pragnieniami, nad sobą przez sześć dni, sześć stopni, sześć tysiącleci, to możesz i powinieneś otrzymywać wszystko, co przygotował dla ciebie Stwórca, a tym jest Wyższe Boskie Światło rozkoszy i obfitości.

SIEDEM DNI STWORZENIA

Podsumujmy teraz to, co opowiadaliśmy o siedmiu dniach stworzenia. Co powinno się wydarzyć przy prawidłowej pracy nad sobą? Dusza musi wznieść się z egoistycznego poziomu na poziom obdarzania.

Jest to realizowane poprzez siedem kolejnych napraw zwanych „siedmioma dniami tygodnia".

Siedem – to boska liczba. Cały system zarządzający naszym światem składa się z siedmiu części. Stąd w naszym świecie jest podział na siedem i siedemdziesiąt: siedemdziesiąt narodów świata, siedem dni tygodnia, siedem kolorów widma, siedem nut, dusza człowieka składa się z siedemdziesięciu części, życie ludzkie obliczane jest w 70-letnich cyklach i w siódmym tysiącleciu człowiek otrzyma zasłużoną, zarobioną nagrodę.

Przypomnę, że mamy obecnie 5768 rok. Zatem czego mamy doświadczyć w ciągu pozostałych 223 lat w oczekiwaniu na nadejście siódmego tysiąclecia? Czy mamy je przeżyć bezczynnie, bez naszego udziału? Nie. Mamy możliwość ingerencji w ten proces, który uruchomiony jest z góry na okres siedmiu tysięcy lat, i przyspieszyć go. Co więcej, ta ingerencja już się zaczęła. Wszyscy mędrcy wskazywali na ten sam 1995 rok, od którego zacznie się proces świadomej naprawy świata. Napisano o tym w wielu dziełach wielkich kabalistów z przeszłości, w szczególności w księdze „Zohar".

Rzeczywiście, zaczynając od 1995 roku coraz więcej ludzi na całym świecie zadaje sobie pytanie o sens życia i wkracza na drogę naprawy.

Jednak szczególnie wybitni ludzie mogą przejść ten proces indywidualnie, wcześniej niż inni osiągnąć wejście do wyższego świata, poczucie wyższej, doskonałej rzeczywistości. Samą drogę naprawy doświadczają jako niesamowitą podróż romantyczną, o ile przechodzą ją świadomie, o własnych siłach.

Właśnie w tym celu studiujemy strukturę i funkcjonowanie całego układu wszechświata, aby wiedzieć dokładnie, gdzie i jak możemy ingerować w proces, zmienić coś, ażeby dziś, już teraz osiągnąć naprawę.

Człowiek w zasadzie nie ma możliwości, aby wpływać bezpośrednio na swój korzeń, na swoje źródło, z którego pochodzi, ponieważ znajduje się o jeden stopień poniżej, wywodzi się z niego.

Jednak naprawiając siebie i stając się podobny swoimi właściwościami do swojego korzenia, człowiek zmienia w sobie percepcję tego, co otrzymuje z góry: zamiast ciągłych ciosów losu, kłopotów, codziennych trudności zaczyna doświadczać błogości, spokoju, doskonałości, uniwersalnej wiedzy.

Stwórca stworzył nas na tym świecie tylko po to, abyśmy zapanowali nad wyższym światem i przejęli kontrolę nad własnym losem w swoje ręce.

WYŻSZE PRAGNIENIE

Doszliśmy teraz do momentu narodzin 'człowieka w sobie'. Narodziło się w tobie pragnienie zwane człowieczym. Jednak nie będziemy się śpieszyć, a poruszając się zgodnie z instrukcją, dokładnie przeanalizujemy wszystko, co dotyczy tego pragnienia.

W tym celu zwróćmy się do starożytnego źródła przekazu ustnego, które jest uzupełnieniem Pięcioksięgu Mojżesza i nazywa się Midrasz (Ustna Tora). W ciągu tysiącleci był przekazywany z ust do ust, od nauczyciela do uczniów i doszedł do naszych dni razem z pisemnym Pięcioksięgiem Starego Testamentu. Jest to równie szanowane źródło. A zatem o stworzeniu człowieka tam się mówi co następuje:

«Gdy Stwórca powiedział „Uczyńmy człowieka!", zwracał się do aniołów, aby dowiedzieć się, co o tym myślą.

Aniołowie podzielili się na różne frakcje. Niektórzy z nich byli za stworzeniem człowieka, a inni byli przeciw.

Dobroć twierdziła: „Niech będzie stworzony, bo będzie czynił dobro". Prawda protestowała: „Nie powinno się go w ogóle tworzyć, bo będzie pełen kłamstw".

Sprawiedliwość nalegała: „Powinien zostać stworzony, gdyż będzie czynił rzeczy prawe". Pokój sprzeciwiał się: „Nie twórz go, bo nie będzie w nim zgody!"

Tora wypowiadała się przeciw: „Władco Wszechświata! Dlaczego chcesz stworzyć tego człowieka? Jego życie jest krótkie i pełne cierpień. Na pewno będzie grzeszył. Powiedzmy sobie szczerze, jeżeli nie będziesz pobłażliwy, znacznie lepiej dla niego, aby w ogóle się nie urodził!"

Jednak Stwórca odrzucił obiekcje wszystkich, którzy byli temu przeciwni, i zdecydował się na stworzenie człowieka. Jego ostateczne słowo brzmiało: „Jestem łaskawy i cierpliwy. Jestem gotowy stworzyć człowieka pomimo wszystkich jego wad"».

Co wyjaśnia nam to opowiadanie, które przekazuje treść „rozmowy", prowadzonej przez Stwórcę z „aniołami"?

Przede wszystkim kim jest Stwórca? Stwórca – to jedyne Prawo natury, Prawo obdarzania i miłości, które istnieje wokół i wewnątrz nas. Jest ono niezmienne i wieczne. Nie odczuwamy go, ponieważ żyjemy według zupełnie innych praw. Całym naszym zadaniem jest go rozpoznać.

„Anioły"– to siły natury, Stwórcy, które podporządkowują się Prawu i nie mają możliwości samodzielnego działania lub myślenia w jakikolwiek sposób. Można powiedzieć, że „anioły" jedynie uosabiają siły, które służą Prawu obdarzania i miłości.

Pamiętajmy, że Midrasz opowiada o tym, co odkryli kabaliści – ludzie, którzy rozpoczęły naprawę i odkryły w sobie siłę obdarzania zwaną Stwórcą.

Naturalnie, natychmiast występują przeciwstawne siły uosabiające ludzką naturę, która jest na wskroś samolubna i cała jest złem.

Można to porównać do światła latarki zapalonej w ciemności, w świetle której nagle widzisz, że znajdujesz się w „szambie". Na początku wydaje ci się, że lepiej byłoby w ogóle jej nie zapalać, ale nie, dobrze, że zapaliłeś. Teraz przynajmniej wiesz, skąd pochodzi cały ten smród i dlaczego tak źle ci się żyło. Musimy oczyścić nasze „szambo", okiełzać swój egoizm. Ale jak?... O tym właśnie mówi ustna interpretacja Pięcioksięgu.

Midrasz mówi, że człowiek jakby jest „zawieszony" pomiędzy przeciwstawnymi siłami, znajdując się w pewnym neutralnym punkcie, pośrodku między dobrem a złem. Balansuje między nimi, a te siły (nie zapominaj o tym!) działają w nim. Często mówimy: „Znajduję się między 'niebem' a 'ziemią'".

A zatem istnieją w nas siły, „anioły", które są w równowadze z naturą i są „za stworzeniem człowieka" (w nas), i „anioły", które nie są w równowadze z naturą i sprzeciwiają się jego stworzeniu, ponieważ „wiedzą z góry", że człowiek będzie je wykorzystywał, czyniąc szkodę sobie i całemu światu. (Jednak pamiętaj, że wszystkie siły, „aniołowie", które są „przeciw", i „aniołowie", które są „za", są siłami Stwórcy. A całe to zamieszanie zostało „wymyślone" przez Stwórcę tylko w jednym celu – abyśmy podjęli wolną decyzję, z kim jesteśmy.)

Człowiek rodzi się egoistą, czyli początkowo znajduje się w niezrównoważonym stanie, skłania się ku kłamstwu, a nie prawdzie, dlatego właściwość prawdy, która zwana jest „pieczęcią Stwórcy", „głosuje" przeciwko stworzeniu człowieka dla jego dobra, aby nie cierpiał, nie męczył się, dlatego że nie jest zrównoważony z powszechnym Prawem. **Prawda protestowała: „Nie powinno się go w ogóle tworzyć, bo będzie pełen kłamstw".**

Dobroć twierdziła: „Niech będzie stworzony, bo będzie czynił dobro". Ponieważ właśnie dlatego, że jest egoistą, będzie miał możliwość *z własnej woli* (a to jest bardzo ważne!!!) najpierw to zrozumieć, a potem okazywać miłosierdzie. Dzięki dobrym uczynkom będzie w stanie uświadomić sobie, *czym* jest dobro, aby w końcu zdobyć właściwość obdarzania i naprawić siebie. Ten „anioł" jakby mówił: „Ponieważ jestem obecny w człowieku, nie martwcie się, wszystkie pozostałe jego właściwości będą naprawione".

Jednak jest również „anioł pokoju". **Pokój sprzeciwiał się: „Nie twórz go, bo nie będzie w nim zgody!"** Jego sprzeciw wynika z faktu, że człowiek jest przeciwieństwem pokoju. Żyje dla siebie z jedyną myślą: przywłaszczyć sobie wszystko. O jakim pokoju może być mowa, jeśli każdy chce mieć tylko dla siebie… przy tym bezwstydnie wykorzystując w tym celu innych?!

Człowiek jest agresywny, czerpie przyjemność z nieszczęścia bliźniego, stara się zaszkodzić innym i pragnie zgromadzić więcej niż potrzebuje do istnienia. Swoimi złymi cechami wznosi się ponad poziom zwierzęcy, który istnieje w zgodzie z przyrodą, a człowiek nie! Lew czy krowa biorą ze środowiska tylko to, co potrzebują do podtrzymania życia, a on nie. Natura zobowiązuje zwierzęta do takiego zachowania, a człowieka nie. Człowiek nie wykorzystuje żadnej ze swoich cech w celu osiągnięcia pokoju. Pojęcie „pokój" oznacza, że biorę dokładnie tyle, ile potrzebuję do własnej egzystencji, a wszystko inne nie należy do mnie.

Człowiek tak nie żyje.

Rodził się z przesadnym pragnieniem panowania i podporządkowania sobie całego świata, a to jest przeciwieństwem właściwości pokoju. Dlatego „anioł pokoju" mówi, że w żadnym wypadku nie powinien być stworzony, ponieważ cały jest niezgodą i tylko rozpętuje wojny na świecie.

Rzeczywiście widzimy, że cała historia ludzkości to ciągła seria bitew. Gdyby człowiek poznał siebie, to zrozumiałby, że nieustannie, od rana do nocy, myśli tylko o tym, jak wykorzystywać innych, a to się nazywa „wojną". (Czyli toczy się ciągłe zajmowanie obcych terytoriów, co oznacza zniewolenie (wykorzystywanie) „Ja" bliźniego przez moje „Ja".)

Cały postęp ludzkości na przestrzeni tysiącleci sprowadzał się do rozwoju środków masowego rażenia. Człowiek szukał sposobów na panowanie, zarabianie i wykorzystywanie własne siły, wywyższając ją ponad siłę innych. Dlatego też „anioł pokoju" miał rację, mówiąc o człowieku, że cały jest niezgodą. Żadna z jego skłonności nie jest ukierunkowana na osiągnięcie równowagi z otoczeniem, co pozwoliłoby pozostawić innym to, co im się należy. Przeciwnie, stara się zawładnąć wszystkim, co należy do innych, i panować.

Midrasz mówi, że w takiej postaci człowiek w ogóle nie powinien przychodzić na świat, że lepiej dla niego nie rodzić się. Całkiem zrozumiałe jest dlaczego, ponieważ ta Księga jest instrukcją i „żyje" ona wewnątrz człowieka, jednak człowiek sprzeciwia się jej i nie chce żyć „według instrukcji".

Zatem „aniołowie", którzy sprzeciwiają się stworzeniu człowieka, początkowo mają rację. Z pozycji wyjściowej człowiek nie powinien się rodzić, bo jest przeciwieństwem całej natury.

Jednak jeśli prawidłowo używa swoje siły i osiąga naprawę, wtedy oczywiście cały proces i cała natura nabiera dla niego sensu, ponieważ staje się wtedy królem natury i świata. Stoi na równi ze Stwórcą.

Stwórca powiedział, że jest gotowy stworzyć człowieka pomimo wszystkich jego wad: **„Jestem łaskawy i cierpliwy.**

Jestem gotowy stworzyć człowieka pomimo wszystkich jego wad…"

Powiedzieliśmy, że Stwórca – to wszechogarniające Prawo natury obejmujące wszystkich „aniołów", wszystkie siły i wszystkie poszczególne prawa. On mówi: **„Tak, jestem jednak za stworzeniem człowieka, ponieważ widzę jego ostateczny cel: dzięki nadchodzącemu procesowi osiągnie stopień boskości. Właśnie takiego człowieka potrzebuję".** On się naprawi. Wyzwoli się z niewoli swojego egoizmu i przyjdzie do Mnie. Jednak przyjdzie, podejmując *niezależną, wolną decyzję*, a nie jako niewolnik stłumiony moim Światłem, a to jest bardzo ważne.

Czyli Stwórca nie bierze pod uwagę początkowego momentu stworzenia oraz wszystkich stanów, przez które przechodzimy. W ogóle nie zastanawia się nad tym. Widzi nas w stanie końcowym. Tylko ze względu na to istniejemy.

Konfrontacja, o której opowiada Midrasz, nieustanie odbywa się w człowieku.

Z każdym krokiem, w każdej chwili swojego życia człowiek faktycznie ustanawia równowagę i tym samym doprowadza do równowagi świat. Nie może on stać w miejscu, a krok za krokiem wybiera swoją drogę. Za każdym razem jego obecny stan zobowiązuje go do działania. W każdej sekundzie powinien łączyć się z Celem stworzenia, zastanawiając się nad tym, dlaczego Stwórca jednak wolał go stworzyć pomimo wszystkich sił i właściwości, które temu zaprzeczają. Usprawiedliwić stworzenie samego siebie jest z pewnością celem pracy człowieka.

To dzieje się w każdym z nas. Musimy tylko być na to czujni.

Z CZEGO CZŁOWIEK ZOSTAŁ STWORZONY

«...Stwórca zamierzał ulepić ciało Adama. Oto jak „pracował":

Aby stworzyć ręce i nogi Adama, Stwórca zebrał ziemię ze wszystkich części świata. Na ciało wziął ziemię babilońską.

Aby stworzyć głowę Adama, najważniejszą część ludzkiego ciała, wziął ziemię z Erec Israel (Ziemia Izraela).

Stwórca umieścił zebraną ziemię na górze Moria, gdzie później będzie znajdował się ołtarz Świątyni, zmieszał ją z wodą pobraną ze wszystkich oceanów świata i z tak powstałej gliny ulepił postać człowieka».

Oczywiście Midrasz nie mówi nam, jak było stworzone biologiczne ciało człowieka. Nie chodzi o glinę i ziemię zmieszaną z wodą, podobnie jak dzieci lepią figurki lub garncarze robią garnki. Nie... O czym tu się mówi? O tym, że człowiek zawiera w sobie wszystkie siły świata. Opisane jest to w następujący sposób: **„Aby stworzyć ręce i nogi Adama, Stwórca zebrał ziemię ze wszystkich części świata..."** Oznacza to, że człowiek ma w sobie pragnienia całego świata („ziemia ze wszystkich części świata") i jeśli naprawia je, to w rezultacie naprawia cały świat.

„...zmieszał ją z wodą pobraną ze wszystkich oceanów świata i z otrzymanej gliny ulepił postać człowieka".

Zawarta w człowieku „woda" reprezentuje *siłę obdarzania*, altruistyczną właściwość, która ożywia wszystko. Ona też jest zbierana z całego świata. Zatem zarówno pragnienia przyjemności, „ziemia", jak i pragnienia obdarzania, „woda", są obecne w człowieku w obfitości. Zostały one zmieszane, połączone razem w każdym pragnieniu człowieka. Należy tylko ujawnić w sobie siłę obdarzania i z jej pomocą naprawić siłę otrzymywania tak, aby obdarzanie stało się dominujące. Wtedy wszystkie nasze pragnienia przyjemności zebrane w nas ze wszystkich „krajów", z całego świata, będą aktywowane tylko przez właściwość obdarzania.

„...Aby uczynić głowę Adama, najważniejszą część ludzkiego ciała, wziął ziemię z Erec Israel (Ziemia Izraela)..."

Stwórca stworzył „głowę" człowieka z „ziemi" Izraela, czyli z *pragnień skierowanych do Stwórcy*. Oznacza to, że wszystkie zamierzenia człowieka muszą być skierowane na uzyskanie właściwości Stwórcy, bo tak został stworzony (słowo „Israel" składa się z „isra" i „El", które w przekładzie oznaczają „prosto", „do Stwórcy"). Jeśli tak się nie dzieje, to człowiek nie jest w stanie równowagi, w konsekwencji wpada w depresję, uzależnia się od narkotyków, walczy, znajduje się w kryzysie...

„Ziemię" na „ciało" człowieka Stwórca wziął z Babilonu – ze stopnia, który też należy do właściwości obdarzania. Nie przypadkowo wydarzył się tam wielki kryzys znany nam pod nazwą „Wieża Babel", po której upadku wszystkie narody świata rozproszyły się po całej Ziemi. Przecież chciały osiągnąć Boskość za pomocą sił otrzymywania, a to jest niemożliwe. Po rozproszeniu i uświadomieniu sobie bezpodstawności swoich dążeń one ponownie połączą się i wstąpią na stopień Stwórcy, tym razem za pomocą sił obdarzania.

(Przypomnę, że studiujemy *korzenie*, tzn. siły Stwórcy, przecież wszystko, co kiedykolwiek wydarzyło się na płaszczyźnie fizycznej, na ziemi, ma swój wyższy duchowy korzeń. Dlatego wieża Babel, która istniała w świecie materialnym, jest również obecna w nas. Jakże często oświadczamy, że wszystko osiągniemy sami, tylko własnymi rękami i zaczynamy budować w sobie „Wieżę Babel", nie zdając sobie sprawy, że w

rzeczywistości wszystko niszczymy. Porozmawiamy o tym bardzo ważnym temacie później.)

„…Stwórca umieścił zebraną ziemię na górze Moria, gdzie później będzie znajdował się ołtarz Świątyni, zmieszał ją z wodą pobraną ze wszystkich oceanów świata i z powstałej gliny ulepił postać człowieka…"

Gdzie został stworzony człowiek? W szczególnym miejscu, tam gdzie duchowy początek styka się z materialnym – w miejscu, w którym istnieje związek między dwoma sąsiadującymi ze sobą stopniami. Jednak trzeba zrozumieć, że chociaż mówi się o dwóch sąsiadujących stopniach, ale oddziela je otchłań. Ten związek oznacza, że dokładnie nad „górą Moria" duchowe sfirot zstępują z niebios i dotykają ziemi. Cała rzeczywistość nad „górą Moria" nazywana jest „duchową", a poniżej jest świat materialny. Szczyt góry Moria jest duchowym szczytem, najwyższym miejscem, jakie może być na tym świecie, gdzie później zostaje zbudowana Święta Świętych. Wznosi się ona ponad całą materię tego świata i gromadzą się tam największe siły duchowe. Właśnie w tym miejscu został stworzony człowiek, który jest „koordynatorem" między wymiarem materialnym i duchowym. Oba te światy, materialny i duchowy, są w nim obecne, a on może ustalać równowagę między nimi, wykorzystując je jako jedną całość. W ten sposób wznosi całą naszą rzeczywistość na duchowy poziom.

„/2:7/ Ukształtował Pan Bóg człowieka z prochu ziemi i tchnął w nozdrza jego dech życia. Wtedy stał się człowiek istotą żywą".

Nie zapominajmy, że ciągle mówimy tylko o tym, co dzieje się w tobie, a tam teraz „narodził się człowiek". Przeszedłeś etapy rozwoju nieożywionych, roślinnych i zwierzęcych pragnień i już nie czujesz się usatysfakcjonowany wszystkim tym, co z nimi jest związane. Teraz żądasz innego poziomu – duchowego!

Gdy tylko złapiesz się na tej myśli, to wiedz, że zadziałał w tobie punkt w sercu i pociągnął cię do Stwórcy. Jeżeli nie chcesz zmarnować obecnego swojego wcielenia, podążaj za swoim punktem, słuchaj swojego wewnętrznego głosu... Jesteś teraz „na bezpośredniej linii" z Najwyższym. Nie urodziłeś się po to, aby tak po prostu przeżyć swoje lata i umrzeć, ale żeby nie umierać wcale. „Wychodzisz" teraz ze swojego ziemskiego egoizmu, z najniższego stanu: **„Ukształtował Pan Bóg człowieka z prochu ziemi".** Sprawił On, że „człowiek w tobie" poczuł, czym jest prawdziwy czysty stan, właściwość obdarzania, życie... (w świecie duchowym egoizm jest śmiercią, a obdarzanie jest życiem): **„...i tchnął w nozdrza jego dech życia".** Zaczynasz teraz odnosić się do punktu w swoim sercu, który pociągnął cię do Stwórcy. Dobrze jest ci być w tym stanie, chcesz zaznać duchowych odczuć. Oznacza to, że **„...stał się człowiek istotą żywą".** „Człowiek w tobie" ożył.

Idź więc za tym „człowiekiem", a on na pewno zaprowadzi cię do krainy **„mlekiem i miodem płynącej".** Zobaczysz Stwórcę. Co to znaczy „zobaczyć Stwórcę"? Stwórca ma wiele imion, ale jedno z nich, które dotyczy nas, to BORE. Składa się z dwóch słów:

BO i RE, co oznacza: Bo – przyjdź, Re – i zobacz. Znaczy to, że poczujesz Stwórcę i nikt inny nie zrobi tego za ciebie.

OGRÓD EDEN

„/2:8/ Potem zasadził Pan Bóg ogród w Edenie, na wschodzie. Tam umieścił człowieka, którego stworzył".

Co to jest „ogród"?

„Ogród" – to wszelkiego rodzaju właściwości człowieka, które przy ich właściwym wykorzystaniu z pewnością dadzą mu możliwość osiągnięcia świata duchowego. Ten "ogród" (cechy dane człowiekowi) „jest zasadzony" tylko po to, aby doprowadzić go do celu. „Ogród" jest w nas i został założony przez Stwórcę, a to znaczy, że wszystkie nasze właściwości nie są naszą osobistą zasługą.

Nie chcę cię zdezorientować, czytelniku, ale spróbuj wyobrazić sobie, że ludzie, którzy cię otaczają, cały wszechświat – to twoje właściwości, które są w ten sposób rzutowane w twojej świadomości, w twoim mózgu. Nam tylko wydaje się, że istnieje coś na zewnątrz. W rzeczywistości w wyniku naprawy człowiek zaczyna odczuwać, że to wszystko są jego osobiste wewnętrzne właściwości i *są obecne* w nim. Ludzie, zwierzęta, rośliny, planety, cały świat, cały wszechświat znajduje się wewnątrz człowieka. W chwili, gdy człowiek to odkrywa, zostaje sam na sam ze Stwórcą i rozumie, że oprócz niego i Stwórcy nie ma nic. (Nie martw się, jeśli na razie nie potrafisz tego pojąć. Szczegółowe badania prawdziwej treści wielkiej Księgi spowodują, że zaczniesz coraz bardziej to wszystko odczuwać w oparciu o podane wyjaśnienia).

„/2:9/ I sprawił Pan Bóg, że wyrosło z ziemi wszelkie drzewo przyjemne do oglądania i dobre do jedzenia oraz drzewo życia w środku ogrodu i drzewo poznania dobra i zła".

Widzisz, bez względu na to, jak bardzo potępiamy i przeklinamy egoizm, jednak to nasza natura. Nasze pragnienie jest egoistyczne. W ustnym komentarzu do Księgi Rodzaju ono jest nazwane „ziemią". Aby pokazać, że wszystko wyrasta z egoizmu, mówi się: **„I sprawił Pan Bóg, że wyrosło z ziemi wszelkie drzewo".** (Uczymy się zrozumieć tajemny sens Księgi, dlatego celowo powtarzam się, aby utrwalić w twojej pamięci podstawowe terminy, a wtedy za ziemskimi pojęciami i słowami wkrótce zaczniesz widzieć ich wewnętrzny sens.)

A co oznacza **„drzewo życia w środku ogrodu i drzewo poznania dobra i zła"**? *Drzewo życia* – to najwyższa część twojej duszy, właściwość obdarzania, która cię przyciąga. Jest to najgłębsza, najskrytsza jej właściwość, bliska Stwórcy, dlatego też napisano, że znajduje się „w środku ogrodu", tzn. w centrum wszystkich właściwości człowieka. *Drzewo poznania dobra i zła* to niższa część duszy – właściwość otrzymywania, nasz składnik egoistyczny. Tutaj już możemy mówić o pojęciach dobra i zła. Zależy to od tego, w jaki sposób będziesz wykorzystywał swój egoizm, czyli od twojej *intencji*: czy będzie skierowany na to, aby samemu doznawać przyjemności, czy też sprawiać przyjemność otoczeniu, na niszczenie czy na tworzenie.

Zobaczmy, co będzie dalej.

„/2:10/ A rzeka wypływała z Edenu, aby nawadniać ogród..."

Co to za rzeka, która wypływa z Edenu, aby nawadniać ogród? Rzeka – to wyższe Światło. Od wewnątrz odżywia twoją właściwość obdarzania, daje pewność, że można żyć tak, aby niczego nie chcieć dla siebie. A kiedy mogę powiedzieć, że niczego nie chcę dla siebie? Kiedy mam możliwość posiadania wszystkiego. Właśnie to poczucie bezpieczeństwa, spokoju daje mi ta rzeka (wyższe Światło), która nawadnia wszystko. Dzięki jej pożywieniu wszystko może owocować.

„/2:15/ I wziął Pan Bóg człowieka i osadził go w ogrodzie Eden, aby go uprawiał i strzegł. /2:16/ I dał Pan Bóg człowiekowi taki rozkaz: Z każdego drzewa tego ogrodu możesz jeść, /2:17/ Ale z drzewa poznania dobra i zła nie wolno ci jeść, bo gdy tylko zjesz z niego, na pewno umrzesz".

Znajdujesz się teraz w stanie uniesienia. W końcu odnalazłeś „człowieka w sobie", Adama (Adam pochodzi od słowa „dome" – podobny do Stwórcy). Wszystkie twoje pragnienia w tej chwili nadal znajdują się w stanie euforii przez to, że odkryłeś świat duchowy. Czujesz się dobrze w tym Świetle i tylko tak chcesz dalej żyć i oddychać. Oznacza to, że **„…i wziął Pan Bóg człowieka i osadził go w ogrodzie Eden, aby go uprawiał i strzegł…"**

W tej chwili jakbyś zapomniał, że jest w tobie egoizm i że otaczają cię różnego rodzaju egoistyczne pragnienia: pieniędzy, sławy, władzy, wiedzy, świata materialnego. Jakbyś mówił do Stwórcy: „Nie potrzebuję tego wszystkiego. Czuję się tak dobrze w Twoim Świetle!"

Nagle słyszysz ostrzeżenie: **„Z każdego drzewa tego ogrodu możesz jeść, ale z drzewa poznania dobra i zła nie wolno ci jeść, bo gdy tylko zjesz z niego, na pewno umrzesz."**

Znajdujesz się obecnie „w środku ogrodu", tzn. ze swoimi właściwościami obdarzania. One nigdy „ci nie zaszkodzą", ponieważ są ukierunkowane na sprawienie radości innym. Dlatego **„z każdego drzewa tego ogrodu możesz jeść..."** Jednak jeśli będziesz wykorzystywał swoje egoistyczne właściwości – **„...z drzewa poznania dobra i zła nie wolno ci jeść..."** – to Światło natychmiast zniknie, a ty poczujesz się odłączony od Stwórcy, od uniwersalnego Prawa życia, od obdarzania. Właśnie ten stan nazywa się śmiercią: **„...bo gdy tylko zjesz z niego, na pewno umrzesz..."** Połączenie ze Stwórcą jest życiem, a odłączenie od Niego – śmiercią.

Jednak należy to zrozumieć w ten sposób: gdy rodzi się w tobie „człowiek", nie wolno ci wzbudzać całego swojego egoizmu, bo na razie nie jesteś w stanie naprawić go całego i dlatego nie powinieneś go używać. Oznacza to, że „człowiek w tobie" nie powinien jeść owoców z drzewa poznania dobra i zła, ponieważ to jemu zaszkodzi. Chociaż te owoce będą się wydawały najdojrzalsze, największe i najsmaczniejsze, ale okażą się trujące.

W ten sposób żyje „człowiek w tobie" (tzn. pragnienie „człowiek w tobie" lub Adam), ciesząc się z odnalezionego szczęścia. Egoizm w nim jeszcze w ogóle się nie objawił.

Znajduje się w Ogrodzie Eden wśród dozwolonych mu przyjemności i rozkoszuje się spokojem i bliskością Stwórcy.

Na razie...

W Kabale stan, w którym egoistyczne pragnienia nie są używane, nazywany jest małym stanem („katnut"). Jest to stan, kiedy umyślnie rezygnuję z nich, wiedząc, że jestem za słaby, że nie potrafię się oprzeć i na pewno wezmę dla siebie. O małym stanie mówi się tak: „Na egoistyczne pragnienia mam 'ekran'".

Jak gdybym mówił do siebie: „Nie, nie będę brać, bo nie oprę się i przywłaszczę sobie. To wszystko wpadnie do mojego egoistycznego dołu, a ja chcę nauczyć się dawać, być jak Ty obdarzającym. Co mogę zrobić? Mam tylko jedno wyjście – nie otrzymywać zupełnie niczego. Nie chcę brać dla siebie. Nic! Na wszystko buduję ekran".

Ekran (przypomnę) jest siłą oporu wobec egoizmu. Oczywiście działa tak długo, jak długo mogę stawiać opór, aż nadchodzi taka przyjemność, której już nie mogę się oprzeć. Wtedy mój opór zostaje złamany i otrzymuję. Ekran nie wytrzymuje... Ponownie pogrążam się w egoizmie...

Mój czas jeszcze nie nadszedł, ale dopiero przygotowuje się do nadejścia.

O ŻONIE CZŁOWIEKA

„/2:18/ Potem rzekł Pan Bóg: Niedobrze jest człowiekowi, gdy jest sam. Uczynię mu pomoc odpowiednią dla niego".

Owszem niedobrze jest, że w człowieku stworzonym na obraz i podobieństwo boskie obecna jest tylko siła Stwórcy i nie ma nic od niego samego, to znaczy z jego egoistycznej natury. „... **Niedobrze jest człowiekowi, gdy jest sam...**" Nie jest dobrze, że jest przytłoczony Światłem i nie ma żadnej wolnej woli. Należy powoli budzić jego naturę, aby egoizm zaczął się w nim objawiać, ale w takim stopniu, w jakim będzie przez niego kontrolowany, żeby egoizm jakby „stał za nim" (za mężem). Tak aby mógł być używany w kontrolowany sposób.

„Kobieta w nas" jest właśnie uosobieniem takiego kontrolowanego egoizmu.

Jednak jeśli mówimy o sprawach materialnych, ziemskich, to tutaj też głównym obowiązkiem żony jest wspieranie męża w jego duchowym rozwoju. Właśnie to jest duchowym korzeniem kobiety wraz z opieką nad domem i dziećmi, ale o tym porozmawiamy później.

„/2:21/ Wtedy zesłał Pan Bóg głęboki sen na człowieka, tak że zasnął. Potem wyjął jedno z jego żeber i wypełnił ciałem to miejsce. /2:22/ A z żebra, które wyjął z człowieka, ukształtował Pan Bóg kobietę i przyprowadził ją do człowieka. /2:23/ Wtedy rzekł człowiek: Ta dopiero jest kością z kości moich i ciałem z ciała mojego. Będzie się nazywała mężatką, gdyż z męża została wzięta".

Sen – to duchowy stan, kiedy człowiek tak jakby umiera, to znaczy opuszczają go wszystkie rodzaje Światła. Właśnie w tym niekontrolowanym stanie budzi się w nim siła, której nie chciał wcześniej używać. Nie chciał samodzielnie włączyć swojego egoizmu. Dlaczego?

Człowiek mieszka w Ogrodzie Eden Stwórcy i jest całkowicie pod władzą Światła. Jest jakby w stanie narkotycznym, ale przecież musi w końcu stać się wolnym, ponieważ celem Stwórcy jest stworzenie stworzenia równego Jemu, a nie niewolnika Światła. Okazuje się, że prędzej czy później człowiek będzie musiał stopniowo włączać swój egoizm i naprawiać go.

Teraz, gdy Światło „wychodzi z niego", czyli „Adam w nas zasypia", można dokonać na nim pewnej operacji: **„...wyjął jedno z jego żeber i wypełnił ciałem to miejsce. A z żebra, które wyjął z człowieka, ukształtował Pan Bóg kobietę i przyprowadził ją do człowieka".**

Musimy rozczarować czytelnika, który uważa, że mówi się o jednym z żeber mężczyzny. Oczywiście nie! Umówiliśmy się i mam nadzieję, że ty, czytelniku, już przyzwyczaiłeś się do tego, że za zwykłymi materialnymi obrazami należy dostrzec prawdziwy duchowy sens. Zawsze mówi się o pragnieniach i tylko o nich!

Tak samo jest tutaj.

Żebro – to „miejsce" w klatce piersiowej, w którym altruistyczne pragnienie w nas łączy się z egoistycznym.

W każdym z naszych pragnień jest wrażliwe, ale absolutnie niezbędne „miejsce" – jest to chwila zwątpienia, moment walki z samym sobą, kiedy pojawia się pokusa przywłaszczenia, mimo że już zdecydowałeś się „zacząć nowe życie" i być tylko obdarzającym...

To z tego miejsca „bierze się materiał", z którego stworzona została „nasza wewnętrzna kobieta" obecna w każdym z nas.

Materiałem tym jest ta *wspólna właściwość*, która istnieje między pragnieniem obdarzania i pragnieniem otrzymywania.

Co wspólnego jest między nimi?

Męskie pragnienie wewnątrz nas dąży do otrzymywania duchowej przyjemności poprzez dawanie innym, Stwórcy, w oczekiwaniu na moment, kiedy człowiek powie: „Biorę dla siebie tylko to, co niezbędne do życia, a resztę z radością oddaję innym, Stwórcy".

Żeńskie pragnienie wewnątrz nas dąży do otrzymywania przyjemności duchowej dla siebie, zdając sobie sprawę, że jest to największa przyjemność, jaka istnieje.

Ten wspólny punkt nazywa się „otrzymywaniem przyjemności", ale cała różnica polega na tym, *kogo* przy tym napełniamy, innych czy siebie.

Jeżeli pragnienie otrzymania duchowej rozkoszy dla siebie (żeńskie pragnienie) nie jest w ogóle kontrolowane przez męskie pragnienie obdarzania innych, to staje się śmiercią dla człowieka (w sensie duchowym).

Spróbuj zrozumieć: to, że czuję i widzę cię, to tylko moja wyobraźnia. Tak naprawdę oprócz mnie jest tylko Stwórca, a pojęcia „ze względu na Stwórcę" lub „ze względu na innych" są tym samym. Dopóki nie dojdziemy do stanu ostatecznej naprawy, zawsze będzie nam się wydawać, że są też inni. Potem odkryjemy, że nie ma żadnych „innych", jest tylko „ja i Stwórca".

Jeżeli pragnienie obdarzania innych (męskie pragnienie) jest z kolei podporządkowane pragnieniu otrzymywania dla siebie (pragnieniu żeńskiemu), to znaczy podąża za nim, to też jest śmiercią.

Można rozwijać się w nieskończoność. Dusza człowieka w swojej pojemności nie ma żadnego ograniczenia, ponieważ poprzez nią łączy się z innymi ludźmi. Dusza jest komunikatorem z innymi duszami. Jeden człowiek jest w stanie połączyć się z całą ludzkością, czuć zamiast innych, myśleć i rozumieć zamiast nich. Wystarczy tylko „wyjść z siebie" i wejść w nich.

Na tym polega biblijna zasada "kochaj bliźniego swego jak siebie samego". Czym jest nasz prawdziwy egoizm? Jest to miłość egoistyczna do samego siebie i gotowość zlekceważenia całego świata, aby tylko otrzymać cokolwiek dla siebie. A jeśli potrafię „wyjść z siebie", nie pozostawiając sobie niczego, to zacznę wtedy odczuwać innych ludzi i będę wieczny. Dlatego człowiek nie ma żadnego ograniczenia dla rozwoju duchowego, po prostu nie uczą nas tej praktyki. Każdy jest w stanie zrealizować siebie i stać się równym Bogu, równym Stwórcy. Co więcej, jest to obowiązek każdego.

Później wyjaśnimy temat tego połączenia „męskiego" i „żeńskiego" początku w naszych pragnieniach i zrozumiemy, jakie niezbędne proporcje są między nimi.

Na razie wystarczy wiedzieć, że ich właściwe połączenie polega na podporządkowaniu się Światłu, dążeniu do niego mimo wszystko.

Podsumujmy: narodzenie się z Adama „kobiety", czyli dodatkowego zewnętrznego obrazu zwanego Ewą, jest właśnie przejawem w nim egoistycznej właściwości, której wcześniej nie odczuwał.

Stanowią oni jedno ciało, to znaczy tworzą między sobą takie połączenie, które rzeczywiście ma prawo do samodzielnego istnienia. Wspierają się nawzajem, a wcześniej byli od siebie oddzieleni (pragnienie obdarzania i pragnienie otrzymywania).

„.../2:24/ Dlatego opuści mąż ojca swego i matkę swoją i złączy się z żoną swoją, i staną się jednym ciałem".

Wszystkie nasze pragnienia były dotychczas uwarunkowane jedną potrzebą: pozostać w Ogrodzie Eden, ciągle przebywać w Świetle Stwórcy. Jest to odczucie człowieka, który znajduje się w stanie wzniesienia, doświadcza stan, w którym chce myśleć tylko o duchowej przyjemności, a wszystko inne wydaje mu się próżne i nikczemne. Ten stan oznacza „znajdować się w Ogrodzie Eden" lub być połączonym z „ojcem swoim i matką swoją".

Nie patrzyliśmy w dół, na „grzeszną ziemię", myśląc, że „opuściliśmy" ją na zawsze i teraz zaczniemy dążyć tylko w górę. Nie ma jednak ucieczki od „ziemi". Nasza natura jest egoistyczna i musimy ją naprawiać. Więź z „ziemią" (pragnieniem otrzymywania) uosabia „kobieta", do której lgnie „człowiek", stając się z nią jednym ciałem, to znaczy przyciąga do siebie egoistyczne pragnienia, ale jeszcze ich nie ujawnia. One również jeszcze się nie ujawniają: **„/2:25/ A człowiek i jego żona byli oboje nadzy, lecz nie wstydzili się..."**

Co to znaczy „nagi"? Oznacza to brak „ubrań" lub inaczej pragnień egoistycznych, które są nakładane na człowieka jak ubrania i zakrywają jego prawdziwe, pierwotne dążenie do świata duchowego.

Zakładając te wszystkie „ubrania" – coraz nowe pragnienia egoistyczne – człowiek oddala się od Stwórcy, chociaż duchowy początek jest w nim stale obecny. Trzeba tylko zacząć zdejmować z siebie te warstwy, czyli nieustannie dążyć do korzenia – do Stwórcy, który nas wszystkich stworzył. Właśnie to robimy teraz.

Jeżeli myślisz tylko o jednym – stać się podobnym do Stwórcy – to poprzez to ściągasz na siebie bardzo intensywne oddziaływanie oczyszczającego Światła. Przecież teraz „obmywasz się" prawdziwymi myślami, prawdziwą Księgą i czytasz ją jak kabaliści, którzy znajdują się na wysokich stopniach duchowych. To tak, jakbyś złapał „linę ratunkową", którą ci rzucili, i nie wypuszczasz jej z rąk. Najważniejsze jest, aby trzymać się tak mocno, jak to możliwe.

Zatem pojęcie „nagi" oznacza całkowity brak egoistycznych intencji „Dla siebie! I tylko dla siebie" i dlatego nie wstydzili się swoich pragnień.

Zwierzęta na przykład nie muszą ukrywać swoich działań, zachowują się zgodnie z instynktami, a nie egoistycznymi pragnieniami. Tylko człowiek rumieni się ze wstydu i musi ukrywać swoje intencje, ponieważ są na wskroś egoistyczne.

Jednak na tym etapie, na początku drogi, oddzieleni od siebie Adam i Ewa (nasze pragnienia) są z jednej strony nadzy, nie przykryci, a z drugiej strony nie mają właściwie czego się wstydzić, nie mają żadnych kalkulacji w stosunkach między sobą. Prowadzą życie „zwierzęce" – tak to się nazywa w naszym świecie.

Są nadzy i nie wstydzą się tego, ponieważ wstyd jest ujawnieniem swojego przeciwieństwa względem Stwórcy, a Adam i Ewa jeszcze nie są świadomi tego przeciwieństwa.

POJAWIENIE SIĘ WĘŻA

„/3:1/ A wąż był chytrzejszy niż wszystkie dzikie zwierzęta, które uczynił Pan Bóg. I rzekł do kobiety: Czy rzeczywiście Bóg powiedział: Nie ze wszystkich drzew ogrodu wolno wam jeść? /3:2/ A kobieta odpowiedziała wężowi: Możemy jeść owoce z drzew ogrodu, /3:3/ Tylko o owocu drzewa, które

jest w środku ogrodu, rzekł Bóg: Nie wolno wam z niego jeść ani się go dotykać, abyście nie umarli. /3:4/ Na to rzekł wąż do kobiety: Na pewno nie umrzecie, /3:5/ Lecz Bóg wie, że gdy tylko zjecie z niego, otworzą się wam oczy i będziecie jak Bóg, znający dobro i zło".

Co się wydarzyło? Mam nadzieję, że ty, czytelniku, już zaczynasz „wyczuwać" swoje myśli i pragnienia i inaczej postrzegasz tę opowieść, czytasz ją swoim wewnętrznym wzrokiem.

Zatem nietrudno ci się domyślić, że wąż jest pragnieniem egoistycznym, twoją naturą, której jeszcze nie wykorzystałeś. („Wąż" – to ostatni, czwarty etap egoizmu.)

Dalej będziemy dużo mówić o tym, że nie wolno nam pracować z „wężem" tak długo, dopóki nie będziemy mieli sił, aby sobie z nim poradzić – z tym ostatnim etapem egoizmu, który nazywa się również „lew ha-ewen", co w tłumaczeniu oznacza „kamienne serce". Nie bez powodu nazywa się go „kamiennym". Tylko Stwórca może się z nim uporać, a to się wydarzy po ukończeniu całej pracy naprawy, którą człowiek jest w stanie dokonać. Ostatnią kropkę stawia Stwórca.

Zapytasz, jak „wąż" znalazł się w Ogrodzie Eden? Odpowiedź jest prosta: jeżeli nikt z niego nie korzysta w imię zła, to znajduje się na tym samym poziomie, co wszystko stworzone przez Stwórcę. W swojej prawdziwej, pierwotnej formie „wąż" też jest, co się nazywa, Bożym stworzeniem. Jeżeli nie korzysta ze swoich pragnień w celu otrzymywania, to w tym przypadku jest nieprzejawionym egoizmem i w takim stanie może znajdować się gdziekolwiek.

Masz prawo zapytać, dlaczego w takim razie przejawia się „wąż" (nasz egoizm)? Mógłby sobie żyć w Ogrodzie Eden i nie doprowadzić człowieka do grzechu.

Tak, ale wtedy człowiek pozostałby na poziomie anioła, byłby „bezpłodny", a on musi stać się człowiekiem!... Dlatego właśnie przejawia się egoizm – „wąż". To jego brakuje człowiekowi, aby mógł wznieść się z poziomu „Ogrodu Eden" na poziom Stwórcy z własnej wolnej woli.

A dlaczego „wąż" działa przez Ewę? Ponieważ Ewa jest tym ukrytym egoizmem, który już istnieje w Adamie (w pragnieniu obdarzania). Ewa jest mostem łączącym Adama z prawdziwym, potężnym egoizmem (z naturą człowieka, ponieważ egoizm może łączyć się tylko z egoizmem)... Nadchodzi czas, aby dokonać połączenia. W tym celu „wąż" przychodzi do Ewy: **„...i rzekł do kobiety: Czy rzeczywiście Bóg powiedział: Nie ze wszystkich drzew ogrodu wolno wam jeść?"**

Ponieważ Ewa jest egoistyczną częścią w Adamie (we właściwości obdarzania), to wciąż się opiera, chce zachować czystość Adama: „...niech pozostanie aniołem, a ja będę z nim..."

„...A kobieta odpowiedziała wężowi: Możemy jeść owoce z drzew ogrodu. Tylko o owocu drzewa, które jest w środku ogrodu, rzekł Bóg: Nie wolno wam z niego jeść ani się go dotykać, abyście nie umarli".

Jednak zgodnie z zamysłem Stwórcy Adam musi stać się prawdziwym „człowiekiem" i z małego stanu (katnut), w którym się znajduje, przejść do dużego stanu (gadlut), przejawiając w końcu cały swój egoizm i stosując go tylko dla dobra bliźniego, dla dobra Stwórcy. Dlatego też prawdziwy egoizm nalega:

„...Na to rzekł wąż do kobiety: Na pewno nie umrzecie. Lecz Bóg wie, że gdy tylko zjecie z niego, otworzą się wam oczy i będziecie jak Bóg, znający dobro i zło”.

Oznacza to, że nasz „wąż” *nalega*, że tylko w ten sposób można dokonać prawdziwego działania obdarzania wobec Stwórcy. Trzeba połączyć cały egoizm na raz i natychmiast, i jednym skokiem dojść do celu stworzenia, stać się podobnym do Stwórcy. (Wąż nie skłamał. On brał pod uwagę ostateczny cel, kiedy tak czy inaczej to się wydarzy. Każdy miał dobre intencje.)

Człowiek („Ewa w nim”) uważa, że na pewno poradzi sobie ze swoim egoizmem. Czuje się teraz pewny siebie i nie wątpi, że już nigdy nie zboczy z drogi duchowej...

Tak zawsze uważa również początkujący. Przypomnij sobie, kiedy po raz pierwszy odkryłeś wielką prawdę duchową. Byłeś wtedy absolutnie pewien, że teraz na pewno będziesz zmierzał tylko do świata duchowego i nigdy więcej nie powrócisz do prymitywnych pragnień ziemskich, że poradzisz sobie ze swoim egoizmem, „wyjaśnisz” mu, jakie korzyści daje droga duchowa... Gdy nagle... spadają na ciebie ziemskie troski, nieoczekiwanie pojawia się możliwość zarobienia dużych pieniędzy lub dostajesz awans w pracy i teraz musisz po dwanaście godzin na dobę harować, osiągając przy tym natychmiastowy, całkiem namacalny efekt: pieniądze, szacunek i perspektywę dalszego awansu... Zapominasz nawet pomyśleć, że jeszcze wczoraj „unosiłeś się”, czułeś, że lada chwila Stwórca objawi ci się i umieści w swoim Ogrodzie Eden... Zapominasz o tym wszystkim i „wpadasz” w swoje dawne pragnienia ziemskie... Nie, nie dawne, przecież został w tobie *zapis* tamtego szczęśliwego odczucia duchowego uniesienia, którego doświadczyłeś, a to jest najważniejsze, co ci się przydarzyło.

Właśnie o tym opowiada dany rozdział Pięcioksięgu Mojżesza.

Mówi, co się dzieje, gdy „Ewa" (pragnienie egoistyczne, ale związane z duchowym, z „Adamem") łączy się z „wężem" (pierwotnym egoizmem „ziemskim") i słucha go:

„.../3:6/ A gdy kobieta zobaczyła, że drzewo to ma owoce dobre do jedzenia i że były miłe dla oczu, i godne pożądania dla zdobycia mądrości..."

Oznacza to, że pomyślałeś, iż cała ta czynność doprowadzi cię do celu: **„...owoce dobre do jedzenia..."** tak jak powiedział „wąż".

Wtedy najsilniejsze egoistyczne pragnienie przenika w ciebie, do „twojego Adama", twojego namiętnego pragnienia zdobycia stanu duchowego... i następuje proces „rozbicia Adama" – tego czystego pragnienia duchowego, czyli następuje Upadek, grzech.

„/3:6/...zerwała z niego owoc i jadła. Dała też mężowi swemu, który był z nią, i on też jadł".

Byłeś pewien, iż wytrwasz, że robisz to dla postępu na drodze duchowej, i rzeczywiście miałeś taką intencję. „Adam" znajdujący się w tobie „je", to znaczy przyłącza do siebie egoizm, z którego wcześniej nie korzystał. Oczywiście nie wytrzymuje, innymi słowy zaczyna korzystać z przyjemności dla siebie.

„/3:7/ Wtedy otworzyły się oczy im obojgu i poznali, że są nadzy..."

Oni naprawdę odkryli Światło Życia, Światło Stwórcy, które ich otaczało przez cały czas. **„Wtedy otworzyły się oczy im**

obojgu…", jednak w tym samym momencie ujrzeli siebie w tym Świetle i zdali sobie sprawę, że są Jego dokładnym przeciwieństwem. Światło, Stwórca jest całkowitym, absolutnym obdarzaniem, a oni są na wskroś egoistyczni (**„i poznali, że są nadzy…"**). „Jesteśmy egoistami i nie możemy być tacy jak On" – zrozumieli, czując z jednej strony swoje oddalenie od Stwórcy, swoje zepsucie, a z drugiej nie tyle możliwość naprawy, ile swoją indywidualność, wyjątkowość. Można powiedzieć, że to był pierwszy przejaw „Ja" człowieka. Do tej pory on istniał w ogólnym Świetle, w całkowitym oddaniu Stwórcy i nagle „otworzyły mu się oczy" i zrozumiał: jest moje „Ja", jest mój egoizm… Do jakich wzniesień i upadków w przyszłości doprowadzi każdego człowieka i całą ludzkość to wielkie odkrycie własnego „Ja"?!

WYGNANIE

Dalej rozpoczyna się tylko upadek i nic więcej, który trwa aż do naszego świata.

„…/3:19/ W pocie oblicza twego będziesz jadł chleb, aż wrócisz do ziemi, z której zostałeś wzięty; bo prochem jesteś i w proch się obrócisz…"

Powstaje pytanie: dlaczego wydarzyło się wygnanie, w jakim celu Stwórca wymyślił i dokonał „operacji" rozbicia wysokiego duchowego pragnienia na mnóstwo cząstek, które upadły do naszego świata i ubrały się w ciała?…

Zapomnieli tę bajkę o raju i nie odczuwają żadnego świata duchowego, nie dostrzegają żadnego świecenia, zajmują się sobą, spełniają swoje błahe ziemskie pragnienia, zderzają ze sobą swój egoizm w wojnach, sprzeczkach, nienawiści…

W jakim celu doszło do „rozbicia" tej wielkiej, jedynej duszy Adama?

Aby wydarzyło się to, co najważniejsze: aby *iskry obdarzania*, altruistyczne pragnienia Człowieka (Adama), upadły w królestwo egoizmu i wypełniły go „duchem obdarzania". Tj. żeby w naszym egoizmie *powstał zapis* o tym, że istnieje coś tak wielkiego jak duchowe połączenie ze Stwórcą, a jest to takie wielkie szczęście, że trudno to przekazać słowami... Właśnie to odczucie później zadziała... Będzie obecne w naszym egoizmie do czasu „X" i będzie czekać na okazję, która z pewnością się nadarzy, ponieważ wszystko się rozwija tylko według programu Stwórcy. Wówczas te iskry duchowych przeżyć, na razie ukryte, oświetlą królestwo egoizmu i w całkowitej ciemności ukaże się droga. Podobnie jak człowiek widzący, który wyprowadza niewidomych na drogę, tak te iskry „poprowadzą" za sobą egoistyczne pragnienia do Światła, do naprawy...

Dzisiaj nadszedł ten czas. Ludzkość rozumie, że znalazła się w ślepym zaułku i żaden postęp nie może doprowadzić jej do dobrego życia. Czujemy już destrukcyjność egoizmu i oskarżamy go o wszystkie grzechy śmiertelne: **„...bo prochem jesteś i w proch się obrócisz"**. Postrzegamy go jako proch, z którego nie wyrasta nic oprócz wojen, terroru, depresji, nieskończonego łańcucha cierpień... Właśnie to oznacza, że Stwórca zawołał nas do siebie. „Poświecił" nam i w Jego Świetle zobaczyliśmy siebie takimi, jakimi jesteśmy, a gdy zobaczyliśmy – przeraziliśmy się i zaczęliśmy szukać wyjścia z impasu (co właśnie nazywa się modlitwą).

Dokładnie w takiej sytuacji *budzą się w nas iskry duszy Pierwszego Człowieka*. Są w każdym z nas. Wkrótce każdy człowiek na ziemi poczuje to i zrozumie, że jest częścią jednej duszy, jednego organizmu i zechce wrócić do „domu", aby żyć w jedności ze wszystkimi duszami, bo inaczej nie będzie w stanie przetrwać.

„.../3:23/ Odprawił go więc Pan Bóg z ogrodu Eden, aby uprawiał ziemię, z której został wzięty. /3:24/ I tak wygnał człowieka, a na wschód od ogrodu Eden umieścił cheruby i płomienisty miecz wirujący, aby strzegły drogi do drzewa życia".

Taką sprytną sztuczkę wymyślił Stwórca. Akt rozbicia był z pewnością z góry zaplanowanym działaniem, w przeciwnym razie „królestwo ciemności" panowałoby w nas, a poczucie świata duchowego nigdy nie obudziłoby się. Pełzalibyśmy po ziemi jak wąż, żywiąc się prochem... (Nawiasem mówiąc, to dlatego nasz naturalny, nienaprawiony egoizm został nazwany „wężem", ponieważ pełza po ziemi, nie odrywając się od niej, a „ziemią" jest nasze pragnienie otrzymywania.) „Wąż" nie może nawet unieść się ponad to pragnienie (nie ma ani nóg, ani rąk, jest przywiązany do ziemi i „przeklęty" przez Stwórcę, co oznacza, że jest Jego przeciwieństwem, i to wszystko przynosi człowiekowi tylko cierpienie).

„/3:14/...Ponieważ to uczyniłeś, będziesz przeklęty wśród wszelkiego bydła i

wszelkiego dzikiego zwierza. Na brzuchu będziesz się czołgał i proch będziesz jadł po

wszystkie dni życia swego!"

Takie mamy dziś *odczucia* wynikające z naszego egoizmu.

Oczywiście nie ma żadnego przekleństwa ze strony Stwórcy. On jest niezmienny, absolutnie dobry i jest w jednym stanie – całkowitego obdarzania. Tylko my się zmieniamy. Widzimy swoje przeciwieństwo do Stwórcy, do Światła, a dziś dostrzegamy to szczególnie wyraźnie. Egoizm zaprowadził nas do ślepego zaułka... Tak, to Stwórca doprowadził nas do stanu beznadziei, ponieważ nie ma innej siły na świecie – ani diabłów, ani demonów, ani czarownic – jest tylko Stwórca. To On postawił nas w takiej sytuacji, aby zmusić do samodzielnego wzniesienia na Jego poziom. Co więcej, w drodze powrotnej do Niego będziemy musieli przejść przez poważne próby: **„...a na wschód od ogrodu Eden umieścił cheruby i płomienisty miecz wirujący, aby strzegły drogi do drzewa życia..."** – które są przygotowane dla naszego dobra, abyśmy pokonując przeszkody, mogli ukształtować tylko jedno pragnienie – powrotu do poprzedniego stanu (ale z własnej woli), do istnienia według Prawa jedności i miłości. Dopiero wtedy „anioły z mieczami" nas „przepuszczą do ogrodu" i już nie będziemy musieli wracać do cierpień tego świata. W nieskończonej rozkoszy będziemy poznawać tajemnice Stwórcy.

Zróbmy teraz niewielką przerwę niezbędną do wyjaśnienia tekstu Księgi i spróbujmy zrozumieć cały obraz. Wtedy będzie nam łatwiej iść dalej.

O WOLNOŚCI WYBORU

Tak więc człowiek stopniowo uczy się widzieć jednocześnie nasz świat, świat wyższy i ich współdziałanie.

Z wyższego świata schodzi do naszego świata informacja i urzeczywistnia się w materii. Widzimy fizyczne obiekty: rośliny, zwierzęta, ptaki, owady, ludzi. Jednak jeśli mamy duchowy wzrok, to możemy także odczuwać wpływ sił, które kontrolują materię. Takie właśnie postrzeganie rzeczywistości każdy człowiek powinien osiągnąć: dostrzegać Stwórcę stojącego za każdym obiektem, za każdym wydarzeniem. Nie uwierzyć na słowo, ale *zobaczyć i poczuć* samemu.

Tego nas uczy Księga, ponieważ to właśnie nasza *reakcja na siły zstępujące z góry w postaci informacji* wznosi się do wyższego świata, gdzie ustala się, w jakiej formie – dobrej czy złej – zejdzie i zmaterializuje się przed nami nasza przyszłość, nasze jutro.

Co więc zrobił Stwórca?

Będąc na najwyższym poziomie duchowym, stworzył stworzenie z przeciwnej Mu egoistycznej właściwości. Następnie napełnił go Światłem, a później opróżnił, obniżając go do stanu „naszego świata".

A co robi stworzenie?

Wspina się z powrotem po duchowej drabinie i w ten sposób otrzymuje przyjemność wielokrotnie większą niż przed zejściem w ten świat.

Powstaje pytanie: dlaczego stworzenie musi najpierw znajdować się w najgorszym stanie, aby osiągnąć podobieństwo do Stwórcy? Czy można się bez tego obejść?

Stworzenie musi mieć możliwość i siły, aby *swobodnie działać* pomiędzy dwiema przeciwstawnymi właściwościami: własnym egoizmem i Stwórcą, niezależnie wybierać swoją drogę i samodzielnie nią podążać.

Aby zapewnić człowiekowi te warunki, Stwórca musi:

– całkowicie oddalić stworzenie od siebie,

– dać mu możliwość rozwoju i poznania wszechświata,

– umożliwić mu swobodę działania.

Stwórca tworzy takie warunki dla stworzenia stopniowo. Rzecz w tym, że gdy stworzenie odczuwa Stwórcę (czyli jest napełnione Światłem), nie jest niezależne. Jest całkowicie stłumione przez Światło, które dyktuje mu swoje warunki i przekazuje swoje właściwości.

W celu stworzenia samodzielnego, niezależnego od siebie stworzenia Stwórca musi całkowicie oddalić się od niego. Innymi słowy, gdy stworzenie uwalnia się od Światła, staje się niezależne w swoich działaniach. To działanie wycofania się Światła nazywa się Cimcum (ograniczenie, skrócenie).

Wyobraź sobie, że narzędzie, z którym masz pracować, jest uszkodzone. Najpierw musisz je naprawić, sprawić, by nadawało się do pracy, i dopiero używać.

Otóż Biblia od pierwszych stron opowiada o tym, jak możemy naprawić to bezużyteczne do pracy narzędzie – naszą duszę, i dzięki temu powrócić do Stwórcy. Oferuje instrukcję, jak żyjąc na tym świecie, człowiek może wznieść się do najlepszego, doskonałego stanu.

Jak powiedzieliśmy, podczas tej naprawy człowiek znajduje się między dwoma światami – wyższym i niższym.

Jego dusza w procesie naprawy nabywa niezbędne umiejętności, wiedzę, doświadczenie, a co najważniejsze, w nim pojawiają się nowe odczucia, nowe właściwości duchowe. Osiągając w ten sposób całkowitą naprawę duszy, uzyskuje właściwości, dzięki którym będzie w stanie istnieć we wszystkich wyższych światach, w wieczności, pokoju i doskonałości. W ten sposób dochodzi do Końca Naprawy.

Stan ten nie jest nigdzie opisany z prostej przyczyny, iż niemożliwe jest go opisać słowami naszego ziemskiego języka. Osiągają go jedynie ci, którzy przechodzą przez wszystkie wstępne stany i dochodzą do Końca Naprawy. Poza jego granicami istnieje nieznana strefa, gdzie znajdują się tak zwane „Tajemnice Tory" („Maase Merkawa" i „Maase Bereszit").

Istnieją tylko pewne wzmianki o nich w Księdze Zohar i w innych dziełach kabalistów. Jednak są to naprawdę tylko aluzje, w rzeczywistości tych obszarów duchowych nie da się opisać, ponieważ nasz język, nasze litery, nasze pojęcia są wzięte ze świata naprawy.

To, co znajduje się ponad systemem naprawy, nie jest w ogóle przez nas odczuwane, w związku z czym nie może być w żaden sposób przełożone na język ludzki, wciśnięte w nasze współrzędne, definicje i obrazy.

Z tego powodu największy kabalista naszych czasów, Baal HaSulam, poprosił o pozwolenie, aby zejść ze świata prawdziwych uczuć na niższy stopień, by móc za pomocą liter, słów i ziemskich uczuć wyjaśnić ludzkości sposoby wznoszenia się do wymiaru duchowego... i pozwolono mu to zrobić. On napisał dla nas, dla naszego pokolenia główne dzieła kabalistyczne i dzięki nim możemy dostać się do świata duchowego. Są jak mapa, bez której zgubisz się w tym labiryncie życia ziemskiego, zdezorientujesz się, dojdziesz do rozpaczy, zmęczysz się i umrzesz, nadal nie rozumiejąc, po co się urodziłeś. Baal HaSulam jest jak ojciec, który czując cierpienie swoich dzieci, bierze je w ramiona i niesie do Światła.

Tak jak człowiek nie może istnieć w naszym świecie bez wiedzy o nim, tak i jego dusza po śmierci ciała nie jest w stanie istnieć w wyższym świecie bez uprzedniego uzyskania wiedzy. Dlatego naukowe osiągnięcia Kabały nie tylko zapewniają nam komfortowe życie w tym świecie, ale dają nam również możliwość istnienia w świecie przyszłym.

POWRÓT DO ADAMA

Wróćmy teraz do pierwszego Człowieka, Adama – do pragnienia, które poczuliśmy w sobie.

Stwórca wypędza go z Ogrodu Eden. Innymi słowy, „Człowiek w nas" (Adam) przestaje być dzieckiem i zaczyna dorastać.

Czym jest dorastanie? To okres, kiedy rozumiemy, że powinniśmy naprawić cały swój egoizm, ponieważ nie będziemy w stanie z nim żyć, lub go po prostu stłumić.

Natychmiastowa naprawa, jak sugerował „wąż", nie nastąpiła i teraz człowiek będzie musiał schodzić coraz niżej, aż poczuje cały swój egoizm i zawoła Stwórcę o pomoc, ponieważ zrozumie, że sam nie jest w stanie poradzić sobie z nim.

„/4:1/ Adam obcował z żoną swoją Ewą, a ta poczęła i urodziła Kaina. Wtedy rzekła: Wydałam na świat mężczyznę z pomocą Pana. /4:2/ Potem urodziła jeszcze brata jego Abla. Abel był pasterzem trzód, a Kain uprawiał rolę".

Co się dzieje? Rozpoczyna się zejście. Na razie nie ma nawet mowy o naprawie. Widzimy teraz, jak jedno wielkie egoistyczne pragnienie, z którym człowiek nie poradził sobie, zaczyna rozdrabniać się na coraz mniejsze. (Idzie proces rozbicia, iskry lecą do naszego świata, gdzie otrzymują egoistyczne powłoki – ciała. Jednak powtarzam, że mowa tu tylko o naszej pracy z pragnieniami egoistycznymi, a nie o konkretnych ludziach.)

„Adam obcował z żoną swoją Ewą" – to oznacza, że połączyły się w człowieku altruistyczne i egoistyczne pragnienia. Co z tego wynikło?… Z tego związku „narodziły się" dwa pragnienia – „Kain" i „Abel".

Jedno z tych pragnień garnie się do obdarzania, do Stwórcy – to „Abel", dlatego mówi się, że nie uprawia on ziemi, to znaczy nie jest związany z egoizmem, ale „pasie owce". Może on być „prowadzącym" i prowadzić do żyznych pastwisk, do wody – ale nie owce, lecz pragnienia egoistyczne człowieka, które gotowe są podążać za nim, ponieważ mają przedsmak przyszłych przyjemności. Te właśnie pragnienia w nas nazywają się „owcami".

Pragnienie „Abel" nazywa się również prawą linią.

Co to jest prawa linia? To pragnienie altruistyczne, dążenie do Stwórcy bez jakichkolwiek domieszek egoistycznych. Jest to pragnienie zesłane z góry jak wyciągnięta ręka, opuszczona drabina, po której można wspiąć się do Celu.

Pragnienie „Kain" – to lewa linia.

Lewa linia natomiast – to pragnienie egoistyczne lub inaczej dążenie do wykorzystywania połączenia ze Stwórcą dla własnego napełnienia przyjemnością…

W tej opowieści o Kainie i Ablu nie doszło jeszcze do całkowitego oddalenia od Stwórcy (nie ma jeszcze sytuacji naszego świata, kiedy Stwórca jest całkowicie ukryty, a rozum twierdzi, że wszystko jest profanacją, a człowiek powinien żyć tylko dla siebie). Mamy tutaj inną sytuację. Prowadzimy dialog ze Stwórcą. On jest odczuwalny, świat duchowy jest tuż obok, tylko pragnienia są różne. Abel ma czyste pragnienia, dąży do obdarzania, czyli czerpania przyjemności z tego, że raduje się Stwórca. Wydawałoby się, że Kain także ma pragnienie obdarzania, jednak w zamian chce uzyskać przychylność Stwórcy, zasłużyć na Jego uwagę, zdobyć świat duchowy... Chce otrzymać całe Światło, całą wielką rozkosz, ale dla siebie, dla siebie i tylko dla siebie.

„Kain" jest lewą egoistyczną linią, która „uprawia ziemię". Oznacza to, że nasze pragnienie „Kain" stale „pracuje" z egoizmem. Jeżeli „Kain" nie panuje nad nim, to egoizm panuje nad „Kainem". O tym właśnie się mówi:

/4:3/ Po niejakim czasie Kain złożył Panu ofiarę z plonów rolnych; /4:4/ Abel także złożył ofiarę z pierworodnych trzody swojej i z tłuszczu ich. A Pan wejrzał na Abla i na jego ofiarę. /4:4/ Ale na Kaina i na jego ofiarę nie wejrzał; wtedy Kain rozgniewał się bardzo i zasępiło się jego oblicze. /4:6/ I rzekł Pan do Kaina: Czemu się gniewasz i czemu zasępiło się twoje oblicze? /4:7/ Wszak byłoby pogodne, gdybyś czynił dobrze, a jeśli nie będziesz czynił dobrze, u drzwi czyha grzech. Kusi cię, lecz ty masz nad nim panować".

„...lecz ty masz nad nim panować..." – wzywa prawo natury. Powinieneś pracować nad swoimi pragnieniami egoistycznymi, ale nie tłumić ich, nie próbować ich wykorzenić, ponieważ nie możesz nie otrzymywać. Tak jesteś stworzony. Musisz wznieść się *ponad* nie, wykorzystać je, panować nad swoimi egoistycznymi pragnieniami – to znaczy czerpać przyjemność z tego, że cieszy się inny, Stwórca.

Człowiek musi w końcu dojść do tego stanu.

Taki jest cel jego stworzenia.

Inaczej egoizm będzie panował nad nami, a rezultatem tej władzy jest to, do czego ludzkość doszła dzisiaj – wojny, śmierć, tragedie...

To jest właśnie to, do czego doszedł Kain.

„/4:8/ Potem rzekł Kain do brata swego Abla: Wyjdźmy na pole! A gdy byli na polu, rzucił się Kain na brata swego Abla i zabił go".

Co oznacza akt „bratobójstwa"? To znaczy, że lewa linia tłumi prawą, czyli lewa linia, egoizm, jakby twierdzi: „Pożytek jest tylko ze mnie, ja działam, uprawiam rośliny, pracuję z ziemią i oczywiście powinienem otrzymać za to wynagrodzenie".

Rozsądnie?... Rozsądnie. Tym właśnie rozsądną argumentacją „zabija się" prawą linię twierdzącą, że możliwe jest tylko czyste obdarzanie, absolutne, całkowite podobieństwo do Stwórcy, że tylko jeden stan jest możliwy – sprawiać Mu radość, nie dbając o nagrodę.

Jaki jest wyrok Stwórcy?

„/4:12/ Gdy będziesz uprawiał rolę, nie da ci już plonu swego. Będziesz tułaczem i wędrowcem na ziemi".

Siła ziemi, pragnienia znajduje się właśnie na połączeniu dwóch linii, prawej i lewej, w znalezieniu złotego środka pomiędzy nimi, gdzie, jak mówiliśmy, człowiek doświadcza przyjemności z otrzymywania tylko wtedy, gdy sprawia przyjemność innemu. Tylko w ten sposób możemy rozkoszować się i upajać wiecznym szczęściem.

A jeśli nie dochodzi do tego połączenia, innymi słowy, jeśli Abel „zostaje zabity", wtedy ziemia nie może dać sił, wręcz przeciwnie, zabiera je, ponieważ wszystko zamienia się w pracę tylko dla swojego egoizmu, dla lewej linii, dla „Kaina". Egoizm nigdy nie może być zaspokojony. Dlatego mówi się: **„...będziesz tułaczem i wędrowcem na ziemi...",** to znaczy będziesz szukał szczęścia, ale nie znajdziesz go.

„/4:14/ Oto dziś wypędzasz mnie z tej ziemi i muszę ukryć się przed obliczem twoim. Będę tułaczem i wędrowcem na ziemi, a każdy, kto mnie spotka, zabije mnie".

Nie, nie da się zabić egoizmu. Już mówiliśmy, nie można go stłumić. Żyje wiecznie i wzrasta, przechodząc z pokolenia na pokolenie, coraz bardziej tracąc więź ze Stwórcą.

Dlatego mówi się:

„/4:15/ ...Położył też Pan na Kainie znak, aby go nikt nie zabijał, kto go spotka. /4:16/ I odszedł Kain sprzed oblicza Pana, i zamieszkał w ziemi Nod, na wschód od Edenu".

Od tego momentu rozpoczyna się historia ludzkości, proces zejścia twojej duszy, drogi czytelniku, od Stwórcy do naszego świata. Dusza przy tym się nie zmienia, obleka się jedynie w egoistyczne powłoki, które zasłaniają ją i tłumią jej głos – jej stałe połączenie ze Stwórcą. W ten sposób z jednego wspólnego serca Adama ona zamienia się w mnóstwo punktów w sercach niezliczonej liczby ludzi.

Jednak Stwórca jest stale połączony z duszą w miejscu zwanym „punkt w sercu" i dlatego w końcu nadchodzi czas, gdy ponownie „słyszysz" Jego głos, czujesz słabe świecenie przebijające się przez wszystkie filtry i powłoki. To wtedy znowu zaczynasz tęsknić za domem, za światem duchowym, za Stwórcą, pragniesz dostać się do Ogrodu Eden.

„/4:17/ I obcował Kain z żoną swoją, a ta poczęła i urodziła Henocha. Potem zbudował miasto i nazwał je imieniem syna swego: Henoch. /4:18/ A Henochowi urodził się Irad. Irad zaś zrodził Mechujaela, a Mechujael zrodził Metuszaela, a Metuszael zrodził Lamecha".

I tak dalej, i tak dalej... pojawia się ludzkość... jest coraz więcej ludzi... ale pamiętasz, że wszyscy ci „ludzie" to twoje egoistyczne pragnienia. Musisz je wszystkie naprawić, a wtedy znów powrócisz do jedynej duszy Adama i zjednoczysz się z nią w jedną całość.

Dlaczego wielkie egoistyczne pragnienie („wąż", „Kain" itd.) zostało rozdrobnione na mnóstwo egoistycznych pragnień? Ponieważ w ten sposób łatwiej jest je naprawić niż jedno wielkie pragnienie... Naprawić, a tym samym zebrać i przywrócić jako jedną duszę do Ogrodu Eden.

Pomoże nam to zrozumieć starożytna przypowieść o tym, jak król postanowił przekazać swojemu synowi swój ogromny majątek do innego państwa. Stało wówczas przed nim pytanie, jak tego dokonać. Król wiedział o złodziejskich skłonnościach swojego ludu i nie miał na kim polegać. Nie było nawet mowy, by powierzyć to komuś konkretnemu.

Po długich rozmyślaniach znalazł rozwiązanie: rozmienił cały swój majątek na drobne monety i wręczył każdemu z poddanych po jednej z nich, aby zabrał do sąsiedniego państwa i doręczył jego synowi. Rzecz jasna, nikt nie zechciał przywłaszczyć sobie takiego drobiazgu. Najważniejsze dla nich było udowodnić królowi swoją wierność i sumienność, dlatego każdy z honorem wykonał zadanie. W ten sposób cały majątek został przeniesiony do miejsca przeznaczenia.

Pomyśl nad tą historią, czytelniku, ma ona wiele sensu i może posłużyć jako podsumowanie tego, o czym mówiliśmy w tym rozdziale.

ROZDZIAŁ
„NOE"

„/6:9/ …Noe był mężem sprawiedliwym, nieskazitelnym wśród swojego pokolenia. Noe chodził z Bogiem".

Tak zaczyna się rozdział o Noem i od razu dezorientuje czytelnika, jakby opowiadał mu zwykłą ziemską historię. Jednak dezorientuje tylko tych, którzy jeszcze nie są gotowi na inne odczytanie biblijnego Pięcioksięgu, którym na razie wystarczy zwykła opowieść historyczna o człowieku imieniem Noe.

Zostawmy ich, niech sobie szukają „Arki Noego" na górze Ararat. My zaś zagłębimy się w tekst tak bardzo, jak to możliwe, aby zrozumieć, jak odnosi się do każdego z nas, do naszych duchowych poszukiwań, do celu życia, do duszy.

Na początek krótko opowiemy, o czym jest ten rozdział.

Widząc, że ziemia jest pełna grzechu, Bóg zawarł z Noem przymierze, że Noe zbuduje arkę i ukryje się w niej wraz z żoną, dziećmi i zwierzętami. Tymczasem Bóg zaleje ziemię wodami potopu i zniszczy razem z nią pozostałych ludzi.

Później Noe wyjdzie z arki ze swoją rodziną i uratowanymi zwierzętami. Od nich będą pochodzić pokolenia ludzi i zwierząt na ziemi. Ludzie zechcą zbudować wieżę Babel i mówić jednym językiem, jednak im się to nie uda. Rozproszą się po całym świecie i przestaną rozumieć się nawzajem.

Zapytaj siebie: „Gdzie jestem *Ja* w tej historii z Noem?" Albo jeszcze lepiej: „Co oznacza *mój wewnętrzny Noe?*" Żądaj od siebie tylko jednego podejścia do treści tej Księgi: „Wszystko, co tu czytam, dzieje się ze mną. Sprawiedliwy Noe, jego żona, dzieci, wszystkie zwierzęta („po parze z każdej istoty żyjącej"), arka, wieża Babel – to wszystko istnieje we mnie... są to siły, pragnienia, które kierują moim wewnętrznym i zewnętrznym światem. Muszę tylko do nich dotrzeć, poczuć je... a wtedy otworzą się bramy tajemnicy..."

W poprzednim rozdziale „Na początku" mówiliśmy o tym, jak powstawał świat, siedziba duszy. Następnie dowiedzieliśmy się, jak po naszych nieożywionych, roślinnych i zwierzęcych pragnieniach narodziło się pragnienie zwane „Człowiek", które oznacza dążenie do świata duchowego, do Stwórcy. Następnie rozbiło się ono na drobne cząsteczki, które upadły w nasz świat.

Upadek nadal trwa, ale etapami. Będzie trwał do czasu, dopóki nie będziemy gotowi spotkać się „twarzą w twarz" z naszym pierwotnym egoizmem i zobaczyć nasze „Ja". Musimy do tego jeszcze dojść, czyli być przygotowani na to, że gdy zobaczymy, żebyśmy byli w stanie znieść to, co zobaczymy – i nie tylko znieść, ale także podjąć decyzję o „wyjściu" z naszego „Ja".

Wybiegając naprzód, powiedzmy, że nasze „Ja" nazywa się „faraon", ale rozmowa na ten temat jest jeszcze przed nami i będzie bardzo szczegółowa. Na razie zmierzamy w kierunku „faraona", czyli ku pełnemu uświadomieniu sobie, że jesteśmy niewolnikami naszego egoizmu. Upadek dopiero się rozpoczął.

Na razie myślimy, że wciąż jesteśmy blisko świata duchowego, jesteśmy w stanie odczuwania Światła – tej pierwszej radości ze spotkania ze Stwórcą. To znaczy, że Stwórca nie jest jeszcze całkowicie ukryty przed nami, nie nadeszła jeszcze „noc wyjścia z Egiptu".

Jednak już czujemy się egoistami i to uczucie nas przygnębia.

ISKRA NOEGO

„/6:12/ I spojrzał Bóg na ziemię, a oto była skażona, gdyż wszelkie ciało skaziło drogę swoją na ziemi".

Oznacza to, że wszystkie nasze pragnienia są egoistyczne, a jednak wśród tego „zepsucia" dostrzegamy pewien maleńki, samotny punkt, który zupełnie różni się od wszystkiego, co jest „na ziemi".

Jest to „punkt w sercu". Na pierwszym poziomie egoistycznym nazywa się „Noe".

Czym jest „Noe w nas"? Jest naszym pierwszym pragnieniem duchowym. Jest na razie małe, ledwo rozpoznawalne, ale odczuwamy je. Żyje w nas.

Odkryliśmy „Noego".

„Iskierka Noego" żyje w każdym z nas, jednak tak wiele nagromadziło się wokół nas, co przeszkadza usłyszeć jego cichy głos...

Egoizm narastał, nawarstwiał się na „Noego", zagłuszał go swoimi nieustannymi pragnieniami. Pogoń za przyjemnością oddalała człowieka od „Noego", czyniła coraz bardziej ordynarnym, samolubnym… a jego głos stawał się coraz cichszy. W końcu doszliśmy do stanu, jakbyśmy go zamurowali…

Jednak „Noe" nigdzie nie zniknął, ponieważ jest podstawą duszy człowieka. Jest wieczny i tylko czeka na godzinę, kiedy człowiek zwróci się do niego.

„Noe"… W rzeczywistości ten punkt jest centrum naszych pragnień. To on jest bezpośrednio połączony ze Stwórcą. To on jest wieczny, a wszystkie otaczające go egoistyczne pragnienia są tymczasowe, przemijające, próżne i błahe. Wiecznym jest tylko to, co jest skierowane do góry, do świata duchowego. Tam właśnie skierowane jest nasze pragnienie „Noe".

Drogi czytelniku, czy kiedykolwiek chciałeś nagle zatrzymać się pośród całego naszego szalonego życia, zamknąć oczy, zatkać uszy i… poczuć ciszę, która żyje tylko w tobie? Usłyszeć wewnętrzny głos nieskażony żadnymi wpływami zewnętrznymi. Twój głos. Tym samym jakby zniknąć z tego świata, który od rana do nocy narzuca ci swoje pragnienia. Telewizja, radio, gazety „zasypują" cię reklamami, znajomi i nieznajomi narzucają ci swoje myśli, pragnienia… „Władza, pieniądze, sława" – słyszysz ze wszystkich stron… i już wydaje ci się, że są to twoje myśli…

W tym wirze codziennego życia przestajesz rozumieć, czy to ty chcesz tego wszystkiego – pieniędzy, domów, samochodów, władzy… czy to nie ty.

Twój głos wewnętrzny jest stłumiony, zagłuszony przez zewnętrzne wydarzenia i biegniesz przez życie napędzany cudzymi pragnieniami, a potem widzisz, że się myliłeś, że nigdy tego nie chciałeś, że to wszystko było przez kogoś podyktowane, narzucone...

Jakie to szczęście móc zatrzymać się i usłyszeć swoje własne, jedyne pragnienie, czyste, niezwiązane z naszym materialnym światem! Pragnienie duchowego doświadczenia, które w tym starotestamentowym tekście nazywa się „Noe".

On jest w tobie bez względu na to, kim jesteś – prezydentem czy ostatnim zabójcą. Gdy przedostaniesz się przez łuskę cudzych uczuć, to „przyjdziesz do Noego" i usłyszysz głos:

„/7:1/ ...bo widziałem, że jesteś sprawiedliwy przede mną w tym pokoleniu".

Jeżeli usłyszysz w sobie „Noego" – „Noego, człowieka sprawiedliwego", poczujesz małą iskierkę altruistyczną, pragnienie wzniesienia się ponad ten świat, to odnajdziesz spokój, bezpieczeństwo, wieczność i zaczniesz wzrastać duchowo.

A jeśli nie usłyszysz, to będziesz nieustannie pracować na pragnienia innych ludzi, na swoje ciało, które ciągle szepcze ci: „Rozkoszuj się tym światem, żyj dla siebie, nie bądź idiotą!..."

No i co z tego masz, poddając się tym pragnieniom?... Ciało się starzeje, umiera i zostaje wrzucone do ziemi, gdzie ulega rozkładowi. Śmierć ciała jest nieunikniona. Przykro. Całe życie pracowałeś dla niego, a ono zdradza cię pod koniec życia.

A „Noe"?... „Noe" – nie. Ponieważ jest to pragnienie wiecznej duszy. Jest ono związane z wiecznością. Jeżeli trzymasz się „Noego", to sam też stajesz się wieczny. To takie proste. Trzeba tylko zechcieć.

Właśnie o tym mówi się w Księdze.

Tak jest napisane w rozdziale „Noe":

„I spojrzał Bóg na ziemię, a oto była skażona, gdyż wszelkie ciało skaziło drogę swoją na ziemi".

Pamiętamy, że „ziemia" („erec") pochodzi od słowa „racon", co oznacza „pragnienie". Dlatego gdy mówi się, że ziemia była skażona, pełna nieprawości, to rozumie się przez to, iż twoje pragnienia zostały wypaczone, zepsute, jesteś wyczerpany w pogoni za cudzymi dobrami. Jesteś całkowicie samolubny i żyjesz dla siebie. Czujesz, że to już zaczyna niszczyć ciebie i wszystkich wokół (spójrz, co się dzieje dziś ze światem – rozdzieramy go na kawałki naszym egoizmem).

Ale czy naprawdę nie ma wyjścia?!

Jest...

Znajdź w sobie „Noego", abyś nie zginął, bo mówi się w tekście: **„Położę kres wszelkiemu ciału... zniszczę je wraz z ziemią".** Postępuj tak, jak radzi Stwórca lub Wyższy Rozum, lub Wyższe Prawo. Oto, co On radzi:

„/6:18/ Ale z tobą ustanowię przymierze moje i wejdziesz do arki ty i synowie twoi, i żona twoja, i żony synów twoich z tobą. /6:19/ Z wszelkich istot żyjących, z wszelkiego ciała wprowadzisz do arki po parze z każdego, aby z tobą zostały przy życiu. Niech to będzie samiec i samica. /6:20/ Z ptactwa według rodzajów jego i z bydła według rodzajów jego, i z wszelkiego płazu ziemnego według rodzaju jego, po parze z każdego z nich wejdą do ciebie, aby zostały przy życiu".

O co tu chodzi?

W tobie jest cały świat.

Znajdujesz się na najwyższym poziomie świata, na szczycie piramidy i łączysz w sobie wszystkie zwierzęce, roślinne i nieożywione dusze, które znajdują się na niższych od ciebie poziomach. One są zależne od ciebie jako jedynej istoty, która ma duszę i ma obowiązek wznieść się sama i podnieść cały świat do poziomu Stwórcy .

O tym właśnie mówi się w tym rozdziale, że twoje pragnienie „Noe" gromadzi wokół siebie naprawione części duszy (ludzką, zwierzęcą, roślinną), a nawet nienaprawione, ale dążące do naprawy, co oznacza „po parze z każdej z istot", i wchodzi z nimi do arki.

Czym jest arka?...

Jest rodzajem ekranu, ochronnego pola siłowego, które tworzysz wokół siebie i które pomaga przeciwstawiać się zewnętrznym przeszkodom, to znaczy wszystkim egoistycznym wpływom tego świata na ciebie.

Po prostu nie chcesz wpuścić niczego do siebie, odmawiasz kontaktu z otoczeniem... Ale w żadnym wypadku nie stajesz się pustelnikiem, nie porzucasz rodziny ani tego świata. Jak zwykle idziesz do pracy, zarabiasz na życie... – to twoje zewnętrzne zachowanie. Starasz się natomiast w miarę możliwości nie wpuszczać do siebie świata materialnego. Za pomocą ARKI, tego ekranu ochronnego, szukasz odpowiedzi na pytania: „Kim jestem?", „Dlaczego żyję?", „Co jest w życiu najważniejsze?"

Nie znajdujesz jeszcze odpowiedzi, ale szukasz… a to jest niezwykle ważne.

Przygotowujesz się do znalezienia odpowiedzi… Twoje poszukiwania na pewno zakończą się sukcesem i ty już to czujesz, ponieważ ożył w tobie „punkt w sercu", który znajduje się w bezpośrednim połączeniu ze Stwórcą. To on rozwija się w tobie, zaczyna rosnąć, jakby tworząc naczynie gotowe przyjąć wyższe Światło, nie daje ci spokoju. To jego cichy głos słyszysz. To on ci mówi, że idziesz właściwą drogą i na pewno dojdziesz do Stwórcy, mimo że teraz wcale Go nie czujesz…

A kiedy „wchodzisz do arki"?…

WEJŚCIE DO ARKI

Twoje „wejście do arki" rozpocznie się w momencie, gdy „posortujesz" swoje pragnienia i wykryjesz, wybierzesz wśród nich takie, za pomocą których będziesz mógł dalej rozwijać się duchowo, a tym samym zrozumiesz, które pragnienia powinieneś „zatopić".

A jak to zrobić?

Musisz wziąć do rąk księgi – to twoje podstawowe działanie. Oprócz tej Księgi szukasz jeszcze innych, odpowiadających jej, napisanych przez tych, którzy już osiągnęli swój korzeń, wyższy świat, i w tych księgach przekazują nam swoje osiągnięcia. Księgi te są czymś w rodzaju przewodników, które przeznaczone są do doprowadzenia cię do Celu jak najkrótszą drogą. Takich ksiąg jest niewiele. Ich celem nie jest powiększenie twojej wiedzy, lecz tylko (i tylko) rozwój twojego postrzegania Najwyższego. Autorami tych dzieł są wielcy kabaliści Abraham, Mojżesz,

RASZBI, Ari, Baal HaSulam. Na razie tylko zapamiętaj te imiona, bo nieraz będziemy o nich wspominać.

Jeżeli więc nie zaznajesz spokoju, dopóki nie znajdziesz odpowiednich ksiąg, to już oznacza, że „budujesz arkę". Wczytujesz się w nie, na początku nic nie rozumiejąc, ale czytasz dalej. A więc „wznosisz ściany arki".

Następnie znajdujesz nauczyciela – instruktora i przewodnika, który nie pozwoli ci zboczyć z właściwej drogi, oraz przyjaciół, z którymi idąc ramię w ramię, pokonasz wszystkie przeszkody oddzielające cię od Celu. Oznacza to, że „zbudowałeś dach arki".

Już jesteś w ARCE... – czyli żyjesz w świecie materialnym, ale w odpowiednich warunkach. Właśnie to jest „twoja arka".

TRUDNE PYTANIA

„/6:17/ Bo oto Ja sprowadzę potop na ziemię, aby zniszczyć pod niebem wszelkie ciało, w którym jest dech życia. Wszystko, co jest na ziemi, zginie. /6:18/ Ale z tobą ustanowię przymierze Moje i wejdziesz do arki ..."

Ponownie o „wejściu do arki..."

Możesz „wejść do arki i zostać ocalony od wód potopu" jedynie wtedy, gdy wyłączysz swój rozum, jakkolwiek dziwne by to się nie wydawało. „Wyłączyć rozum" oznacza nie słuchać rad ciała – egoizmu... Warunek jest trudny, ale wykonalny. Wielu przeszło tę drogę. To oni napisali prawdziwe księgi, w których opisują, jak odkrywali prawdziwą, wielką miłość – Stwórcę. To oni powiedzieli, że „ziarenko duchowej rozkoszy jest miliardy razy większe niż wszystkie ziemskie przyjemności razem wzięte".

Zatem możesz osiągnąć duchową rozkosz tylko pod jednym warunkiem: jeśli wyrwiesz się z żelaznego uścisku egoizmu, pokonasz swój rozum.

To rozum zasypuje cię pytaniami: „Po co to robisz?” „Co w rzeczywistości będziesz z tego wszystkiego miał, czy jest to coś realnego?” „Kim są ci mędrcy, których wskazówkami się kierujesz?”

Słyszysz to wszystko, a jednak odpowiadasz rozumowi: „Pytania twoje są zrozumiałe, jednak moja odpowiedź jest następująca: wierzę w to, co powiedzieli mędrcy i co napisali w swoich księgach. Wierzę w drogę, którą idę, bo bez tej wiary niemożliwe jest osiągnięcie czegokolwiek w świecie duchowym”.

Na każdy sprzeciw ciała mówisz tylko jedno: „To, co dzieje się ze mną – to miłosierdzie Wyższej Siły, która prowadzi mnie do zbawienia. To miłosierdzie jest ukryte, tak, ukryte, jednak idę wbrew rozumowi... i nie zejdę z drogi...”

Tylko taka odpowiedź doprowadzi cię do Celu i właśnie taki stan nazywa się „wejściem do arki”.

Rozumiem, że jesteś teraz zdezorientowany, czytelniku, umysł twój buntuje się przeciwko takiej przemocy, krzyczy do ciebie: „Nie słuchaj, jesteś wolnym człowiekiem podejmującym niezależne decyzje...” Ale zdradzę ci tajemnicę. Czy wiesz, kto zadaje ci te pytania?... – Tak zwana „nieczysta siła”, ponieważ ma władzę tylko nad rozumem. Jeżeli będziesz postępował wbrew rozumowi, to natychmiast poczujesz ulgę, która zwykle następuje po wyczerpującej pracy... Ponieważ władza „czystej siły” znajduje się w *podjęciu decyzji, by robić coś wbrew rozumowi.*

A teraz przyjmij do wiadomości jeszcze jedną informację, nawet jeśli wyda ci się całkowicie dziwna i zagmatwana. Zarówno czyste, jak i nieczyste siły pochodzą z jednego źródła – Stwórcy, absolutnie dobrej siły, której jedynym pragnieniem jest uczynić nas istotami godnymi siebie. To On celowo wprawia cię w błąd, abyś mógł sam decydować o swoim losie. Będziesz musiał robić każdy krok, podejmując decyzję, jakby ważąc na wadze swoje życie.

„/7:17/ A potop trwał na ziemi czterdzieści dni i wezbrały wody, i podniosły arkę, i płynęła wysoko nad ziemią. /7:18/ A wody przybrały i podniosły się bardzo nad ziemią, arka zaś unosiła się na powierzchni wód. /7:21/ I wyginęło wszelkie ciało... /7:23/... Pozostał tylko Noe i to, co z nim było w arce".

„A potop trwał na ziemi..." – O co tu chodzi?

„Ziemię" – twoje pragnienie – zaczynają „zalewać wody potopu".

„Wody potopu" – to pytania, które dosłownie cię ogarniają.

Powiedzieliśmy już, że te pytania są niełatwe. To pytania rozumu, są ziemskie,

racjonalne, pragmatyczne i spowodowane problemami, którymi ciało jest zatroskane.

W tych pytaniach („wodach potopu") obecny jest „anioł śmierci", który swoimi „Dlaczego?" i „Kto?" chce utopić człowieka.

Tak, ciało staje się „aniołem śmierci", gdy rozpoczynasz swoją drogę do duchowego wzniesienia. Znowu i znowu, po raz tysięczny te same pytania: „Po co ci to zajęcie? Jaka jest z niego korzyść? Musisz myśleć o sobie, a to, do czego dążysz, nazywa się „pracą nie dla siebie". Co będziesz z tego miał? Czym Stwórca zapłaci ci za wypełnianie Jego przykazań? Czy warto tyle pracować na to, co dostaniesz?..."

Ten opór i sprzeciw ciała są wyrażane przez pytanie „Dlaczego?" („MA?" po hebrajsku).

Jeżeli sprzeciwiasz się ciału, mówiąc, że powinieneś wierzyć w Stwórcę, że On zarządza wszystkim w imię dobra, to ciało protestuje jeszcze bardziej.

Już krzyczy: "Kto?" („MI?" po hebrajsku). „Kim jest Stwórca, że powinieneś Go słuchać?! Gdybyś wiedział, czuł i widział, że Stwórca jest wielki, mógłbyś pracować dla Niego. Spójrz, o ile rozsądniej jest pracować dla jakiejś powszechnie szanowanej osoby na tym świecie. Proszę! Ile chcesz..."

Gdy te dwa sprzeciwy ciała łączą się w tobie, to z pytań: „ MA" (Dlaczego?) i „MI"(Kto?) powstaje jedno słowo – „MAIM", co w tłumaczeniu oznacza wodę.

MAIM – woda – potop.

POTOP

MAIM to potop, w którym możesz uśmiercić swój duchowy początek, jeżeli przysłuchujesz się pytaniom ciała. Utopisz w nim wszystko, co z takim trudem zbierałeś w sobie po okruszku...

Nie słuchaj ich!

Potop nadchodzi jako bezwzględna siła, która może zniszczyć wszystko. W nim rzeczywiście toną pragnienia, które nie mogły stawić czoła tym pytaniom i zginęły w jego wodach, czyli te,

które „nie weszły do arki" – **„...i wyginęło wszelkie ciało..."**
Jednak cały paradoks polega na tym, że swoją surowością potop
również oczyszcza.

Oczyszcza on tylko tych, którzy mają *silne pragnienie* osiągnięcia
świata duchowego. Tylko wtedy człowiek jakby nie słyszy racjo-
nalnych pytań ciała, idąc dalej do celu bez względu na wszystko.
Wtedy mówi się o nim, że „jak Noe zbudował wokół siebie arkę"
(znalazł autentyczne księgi, instruktora i odpowiednie środowisko) i ukrył się, schronił się w niej razem ze swoimi licznymi
osobistymi, jeszcze nienaprawionymi pragnieniami (będą one
naprawiane w czasie „pływania" arki).

**„A potop trwał na ziemi czterdzieści dni i wezbrały wody, i
podniosły arkę, i płynęła wysoko nad ziemią..."**

Co oznaczają owe czterdzieści dni, w czasie których ciało „obra-
biało" cię, atakowało wszystkie twoje pragnienia swoimi pozor-
nie „rozsądnymi" pytaniami: „Ma?" i „Mi?"

Czterdzieści to bardzo ważna liczba w duchowym zrozumie-
niu. Oczywiście nie mówi się tu o czterdziestu dniach. Liczba
ta uosabia właściwość obdarzania, właściwość Stwórcy (później
będziemy jeszcze mówić o czterdziestu latach spędzonych na
pustyni. Pamiętasz?...).

Czterdzieści – to wartość liczbowa litery „mem". Jej kształt w
hebrajskim wygląda tak: מ»". Przypomina zamkniętą przestrzeń.
W rzeczywistości są to dwie połączone ze sobą litery „dalet" – „ד".
Jedna z nich jest prosta (pochodzi od słowa „delet", co w przekładzie oznacza „drzwi"), a druga jest odwrócona. Połączone razem
zamykają się, tworząc symbol mem – מ . Jednak w odpowiednim

czasie otworzą się. Opowiemy więcej o tym, co się wtedy stanie... Wtedy narodzisz się duchowo.

Jeśli więc wytrwałeś te czterdzieści umownych dni pod naporem pytań rozumu, nie złamałeś się, wówczas „arka podnosi się nad ziemią" i „niosą ją wody", nie topią... Oznacza to, że dwie litery „dalet" zamykają się, zazębiają, przekształcając się w „zamkniętą na głucho" literę „mem" i ty „płyniesz".

Stajesz się duchowym zarodkiem w łonie matki (Najwyższego) (w tej zamkniętej „MEM"), która chroni cię, zaczyna troszczyć się o ciebie, karmić, poić... Pielęgnować!... Jesteś pod całkowitą ochroną. Twoja Wyższa Mama (po hebrajsku „Ima") nie pozwoli cię skrzywdzić. Zaczynasz płynąć. Nad wodą. W kierunku wyższego świata.

„...Pozostał tylko Noe i to, co z nim było w arce".

Wówczas „woda" staje się dla ciebie Światłem miłosierdzia. Ona oczyszcza, pomaga w rozwoju, nie niszczy. Wznosisz się *ponad* wody potopu (w których tonie teraz nasz świat, rozdarty przez egoizm i ulegający nakazom ciała).

Powtórzmy zatem jeszcze raz, jak możemy nie utonąć podczas potopu, lecz zostać oczyszczonym. Jak stać się „duchowym zarodkiem" i być wewnątrz „Mem"?

W tym celu należy wziąć odpowiednie księgi i zacząć „oblewać się» nimi jak gdyby czystą wodą.

„Obmywaj się" Światłem miłosierdzia, które w wyniku prawidłowych działań oczyści cię z zewnątrz (czytając te księgi, przyciągasz Światło jak magnes) i napełni cię od wewnątrz (jesteś otwarty na Światło, na jego właściwość obdarzania, a wtedy ono wnika w ciebie).

To właśnie Światło miłosierdzia pomaga ci wykryć wśród wszystkich twoich pragnień to jedno, które nazywa się „Noe". To ono jak „wody potopu zalewa sobą" te twoje pragnienia i siły, które trzeba „potrzymać w wodzie" jak należy, aby je oczyścić i dopiero wtedy używać.

Jak długo twoje pragnienia duchowego postępu muszą „znajdować się w arce"?... – Tak długo, dopóki „ziemia", to znaczy wszystkie twoje pozostałe pragnienia, nie „pokryją się całkowicie wodą", nie *utoną* w Świetle miłosierdzia i nie oczyszczą się do takiego stopnia, byś mógł prawidłowo z nich korzystać w imię swojego wewnętrznego, osobistego, jedynego pragnienia – „Noego".

„..../8:5/ A wody nadal opadały aż do dziesiątego miesiąca. W miesiącu dziesiątym, pierwszego dnia tego miesiąca, ukazały się szczyty gór..."

Byłeś w arce odcięty od wszystkich pragnień egoistycznych... Nie korzystałeś z nich, znajdując się „wewnątrz" ksiąg, z myślami o duchowym uniesieniu. Byłeś jak płód w łonie matki, pod ochroną Stwórcy, otoczony, osłonięty przez Niego. Czułeś się dobrze w tej ciszy... Byłeś jak w raju. Oto nabrałeś sił, dorosłeś. A teraz stopniowo nadchodzi czas twojego przyjścia na świat... Już czas rozpocząć „wyjście z arki". Do tego momentu modliłeś się nieustannie o swoje narodziny, co oznacza, że „wznosiłeś MAN" do Stwórcy, do Najwyższego.

„MAN" oznacza „żeńskie wody» („wody płodowe").

Co to znaczy?

To, że powinieneś rozpocząć niezależną drogę, to znaczy „wyjść z łona Stwórcy na zewnątrz jak z wodami płodowymi", narodzić się i zacząć pracę ze swoimi na razie „najlżejszymi" pragnieniami egoistycznymi. Nie zabrałeś ich ze sobą do „arki", odłożyłeś na jakiś czas, zostały już dokładnie przemyte, oczyszczone „wodą potopu", a teraz musisz już zacząć je naprawiać.

W wyniku tych działań zbliżasz się coraz bardziej do świata duchowego, do Stwórcy, ponieważ ostatecznym celem jest naprawa całego egoizmu. Dopiero wtedy poczujesz się wolny, nieśmiertelny i absolutnie szczęśliwy. Tego chce od ciebie Stwórca. Tylko pod tym warunkiem możesz być z Nim.

Wyruszyłeś już w tę drogę. Więc nie zatrzymuj się!

A zatem „odchodzą wody" (jak wody płodowe przed porodem).

NARODZINY

„...A wody nadal opadały aż do dziesiątego miesiąca".

I „ukazała się ziemia", to znaczy przyciągasz do siebie pierwsze egoistyczne pragnienia, na razie najbardziej powierzchowne, naj-lżejsze – „góry".

„...W miesiącu dziesiątym, pierwszego dnia tego miesiąca, ukazały się szczyty gór..."

(Oto mamy dziewięć miesięcy dojrzewania płodu i jego naro-dziny pierwszego dnia dziesiątego miesiąca.)

„/8:6/ Po czterdziestu dniach otworzył Noe okno, które uczynił. /8:7/ I wypuścił kruka, który wylatywał i wracał, aż wyschły wody na ziemi. /8:8/ Potem wypuścił gołębicę... /8:9/ Ale gołębica nie znalazła niczego, gdzie by mogła usiąść i wróciła do niego do arki..."

Co się dzieje?... Sprawdź siebie, co zrobiłeś w tym czasie, gdy byłeś „odłączony" od świata materialnego, a teraz ponownie wróciłeś do niego, ale już z pewnym programem naprawy. Wziąłeś „naprawione w arce" najlżejsze pragnienia egoistyczne – „kruka" i „gołębicę" – i za ich pomocą jakby „zbadałeś ziemię" (pamiętaj, co to jest „ziemia"!). Tym samym jakbyś zapytał siebie: „Czy egoizm nie wciągnie mnie z powrotem w swoje bagno?!..."

Dlaczego dzieje się to po czterdziestu dniach i czym jest „okno" uczynione w arce?

Czterdzieści – to jest właściwość Stwórcy, właściwość absolutnego obdarzania, macierzyńska właściwość. Więc teraz jest tak, jakbyś robił w niej małe „okienko", to znaczy wnosił pewien dysonans do tej altruistycznej sielanki, dodawał „szczyptę egoizmu". W ten sposób sprawdzasz, czy możliwy jest kontakt pomiędzy właściwością altruistyczną i egoistyczną (wypuszczasz „kruka", a następnie „gołębicę" – właściwości, które przeszły naprawę w arce). Czy możliwe jest nawiązanie kontaktu?... Czy można „wylądować na ziemi", czy jeszcze nie?...

Okazuje się, że jeszcze nie: oba ptaki wracają.

„/8:10/ Poczekawszy jeszcze następne siedem dni, znów wypuścił gołębicę z arki".

Co oznaczają owe siedem dni?

W Kabale siedem jest liczbą symbolizującą małe, ale pełnowartościowe pragnienie.

Co znaczy „pełnowartościowe"? Jest to pragnienie, w którym obecny jest zarówno altruistyczny składnik (prawa linia), jak i egoistyczny (lewa linia). Łącząc je, „rodzimy" pewien złoty środek, w którym przeciwne połówki stykają się ze sobą i sprowadzają się do jednej linii (środkowej), tworząc jedno pragnienie skierowane w górę, do świata duchowego.

W ten sposób osiąga się doskonałość całego stworzenia, czyli żadna siła nie marnuje się, żadne słowo nie jest zbędne, a problem jest tylko w prawidłowym wykorzystaniu wszystkich sił i procesów zachodzących w człowieku.

Nasze małe pragnienie można przyrównać do noworodka. Nie jest już w łonie matki, jest już na zewnątrz, „poza arką".

To „niemowlę" jest właśnie naszym małym pragnieniem, które zaczyna opanowywać następny stopień naprawy zwany „karmieniem". Ono jeszcze nie umie chodzić, ale już oddycha powietrzem ziemi, domaga się jedzenia, „wymachuje nóżkami i rączkami..." – czyli do naszego pragnienia obdarzania można dodać szczyptę egoizmu. Ono poradzi sobie z tym, przerobi, naprawi go. Rozpoczynamy drogę naprawy... Bądź czuły dla tego „bobasa", a wszystko będzie dobrze. On jeszcze dorośnie i zostanie „przywódcą nowego pokolenia" – twoich pozostałych, jeszcze nienaprawionych pragnień egoistycznych. Zaprowadzi je do naprawy – do Stwórcy.

„/8:11/ Gołębica wróciła do niego pod wieczór, trzymając w dziobie zerwany świeży liść z drzewa oliwnego..."

Oznacza to, że już można przystąpić do działania. Pora wyjść na ziemię i powoli zacząć pracę z egoizmem. Na początku ostrożnie, aby nie złamać jeszcze delikatnych altruistycznych kiełków.

Jakie jest znaczenie „liścia oliwnego w dziobie gołębicy"?

Liść oliwny reprezentuje Światło życia, a to Światło można otrzymać tylko w altruistyczne pragnienie.

Oznacza to, że twojemu „Noemu" dano teraz do zrozumienia, że da radę, poradzi sobie z małymi pragnieniami egoistycznymi (naprawi je), że wystarczająco obmył się „wodą" (Światłem miłosierdzia). Na dowód wysyłany jest mu „liść oliwny" (świecenie).

To nie jest jeszcze „oliwa z oliwek", która uosabia pełne Światło życia, ani „oliwki", a tylko „liść oliwny" (nie Światło, a *poświata*), jednak naprawa małych pragnień egoistycznych może już być rozpoczęta.

„/9:1/ I pobłogosławił Bóg Noego i synów jego, i powiedział do nich: Rozradzajcie się i rozmnażajcie, i napełniajcie ziemię".

Po tym, jak pokonałeś etap naprawy zwany arką, wytrwałeś, dojrzałeś, jakbyś się urodził na nowo, możesz teraz być pewny, że nie będzie już więcej potopu. (To właśnie jest błogosławieństwo Boga dane „Noemu i jego synom" – naprawionym pragnieniom altruistycznym: **„...Rozradzajcie się i rozmnażajcie, i napełniajcie ziemię".**)

Masz już za sobą ten stan, a teraz altruizm (właściwość Stwórcy) łączy się z egoizmem (właściwością stworzenia). Wreszcie „wychodzisz na ziemię" i wstępujesz na błogosławioną drogę naprawy egoizmu. Tak czy inaczej każdy będzie musiał odbyć tę drogę! A teraz będziesz poruszał się tylko w górę, aż do ostatecznej naprawy całego egoizmu (do „powrotu do Ogrodu Eden").

Jest takie wyrażenie i jest ono niezmienne: „W duchowości tylko wznoszą i nie opuszczają". Wiedz, że naprawdę wszystkie wzniesienia i upadki, których będziesz doświadczał na swojej drodze, prowadzą tylko do góry po duchowej drabinie. Nawet jeśli będzie ci się wydawać, że znalazłeś się w ciemności, zboczyłeś z drogi, że noc trwa zbyt długo (nocą nazywają się stany duchowego upadku, gdy „nie ma Światła"), to wiedz, że jest to nic innego jak pomoc na twojej drodze. Jedyne, co musisz zrobić, to trzymać się mocno tego wszystkiego, za pomocą czego „budowałeś arkę", a wtedy poczujesz, jak w najkrótszym czasie nadejdzie poranek (stan wzniesienia).

Dlaczego występują takie upadku?

Po prostu właściwość Stwórcy w nas, właściwość obdarzania tak bardzo wzmocniła się, że poradzi sobie z kolejną porcją egoizmu, która natychmiast zostaje dodawana. Praca nie powinna być zatrzymana. Musimy przejść przez pełne oczyszczenie.

Dlatego w pewnym okresie doświadczasz upadku (tj. słyszysz pytania egoizmu, który teraz naprawiasz). Atakuje on cię na koniec tymi samymi zwykłymi pytaniami: „Po co ci to wszystko?", „Zostaw to i zajmij się poważnymi sprawami, zarabiaj pieniądze" – i tak dalej... no sam wiesz... Pytania egoizmu nie zmieniają się, są bardzo logiczne, ziemskie... Ale jego problemem jest to, że *ty już jesteś inny*. Poczułeś „smak duchowego stanu" i wiesz, że po nocy na pewno nastąpi poranek.

Cała twoja dalsza droga, która jest opisana w Księdze, to tylko etapy naprawy egoizmu za pomocą właściwości Stwórcy.

Droga ta ma być przebyta przez całą ludzkość.

WYJŚCIE NA NOWĄ ZIEMIĘ

„/8:15/ Wtedy rzekł Bóg do Noego: /8:16/ Wyjdź z arki ty...

/8:17/ Wyprowadź z sobą wszystkie zwierzęta, które są z tobą... Niech zaroją się na ziemi, niech rozradzają się i rozmnażają na ziemi!"

Wyjście na „nową ziemię" oznacza stan, przez który przechodzisz po „wyjściu z arki". Już inaczej patrzysz na „ziemię" i cieszysz się wszystkim. Zaczynasz uświadamiać sobie, że absolutnie wszystko wokół zostało ci dane jako pomoc w rozwoju duchowym. Pomagają tobie i ty pomagasz, a każde cierpienie – to tylko naprawa, która jest niezbędna, aby nie zboczyć z prostej drogi, ale wszystko pochodzi z jednego źródła – od Stwórcy.

W ten sposób On cię prowadzi. Cierpienia już są „osłodzone" twoim zrozumieniem, że służą jako pomoc. Z ich pomocą sprawdzasz siebie, patrzysz, gdzie zboczyłeś z prostej drogi. Pracujesz nad sobą i naprawiasz siebie, doświadczając ponownie stanu wzniesienia.

Wszystko, co zostało powiedziane o cierpieniach, można wyjaśnić na jednym prostym przykładzie. Spragniony człowiek stoi przy strumieniu z czystą źródlaną wodą i napełnia nią swoją brudną szklankę. Woda wydaje mu się niesmaczna, gorzka. Nie może pić i przeklina ten brudny strumień. (W ten sposób często przeklinamy Stwórcę, który zsyła nam cierpienia). Wszystko się zmienia, gdy człowiek wreszcie uświadamia sobie, że cała przyczyna nie znajduje się w wodzie, ale w jego naczyniu. Zaczyna oczyszczać naczynie… i woda wydaje mu się już mniej wstrętna. Po całkowitym jego oczyszczeniu pije z przyjemnością tę najczystszą wodę źródlaną, już wiedząc, że wcale nie ona była przyczyną niezadowolenia.

Tak samo my. Ludzie zajęci tylko swoimi ziemskimi problemami przeklinają spadające na nich cierpienia, pogrążają się w nich, oskarżając wszystkich wokoło... Jednak ci, w których budzi się punkt w sercu, którzy już szukają drogi do świata duchowego, zaczynają zdawać sobie sprawę, że cierpienia są wielką pomocą. One wskazują „miejsce" (pragnienie), które należy sprawdzić, aby zrozumieć, że ma być oczyszczone, naprawione poprzez poszukiwanie *prawidłowej intencji*. I tylko w ten sposób!...

Pragnienie pozostaje, zmienia się tylko intencja, a ty nie czekasz już na kolejny cios, lecz próbujesz znaleźć kontakt z Najwyższym, aby nie musiał popychać cię i naprawiać, żebyś mógł bezboleśnie i radośnie poruszać się w górę, tam gdzie czeka na ciebie niezmienne, wieczne i czyste Światło Dobra i Miłości.

Przeznaczone jest ono dla człowieka. (Tam wiecznie płynie czysta woda źródlana dla każdego spragnionego.)

Zrozumienie tego wszystkiego jest tym, co nazywa się „wyjściem Noego na nową ziemię"...

Uważa się za nową, ponieważ ta „ziemia", która wcześniej była przeklęta przez Stwórcę (twoje egoistyczne pragnienia), zaczęła

„przynosić owoce" (egoistyczne pragnienia połączyły się z altruistycznymi) i dlatego na niej „narodziło się życie" stopniowo prowadzące człowieka do celu stworzenia.

„.../9:12/ Potem rzekł Bóg: To będzie znakiem przymierza, które ja ustanawiam między mną a między wami i między każdą istotą żyjącą, która jest z wami, po wieczne czasy; /9:13/ Łuk mój kładę na obłoku, aby był znakiem przymierza między mną a ziemią".

Tęcza oznacza *ograniczenie*, które Stwórca bierze na siebie, powstrzymując się od prawdziwego sądu nad człowiekiem, aby więcej nie sprowadzać „potopu i zniszczeń", lecz prowadzić cię tylko do maksymalnej naprawy, pomimo twoich czynności (przecież z natury jesteś egoistyczny!). Prowadzić dobrą drogą, drogą miłości, mimo że ta droga może być postrzegana przez ciebie jako pełna cierpień. (Nie zapominaj o przykładzie z brudną szklanką i czystą wodą. Brudna szklanka – to ty, a czysta woda – to On. Zacznij myć szklankę, a poczujesz prawdziwy smak wody.)

Jeszcze kilka słów o tęczy. Składa się z siedmiu kolorów. Co to znaczy?

Siedem kolorów – to siedem właściwości (sfirot), z których składa się nasze małe, ale pełnowartościowe pragnienie, połączenie właściwości obdarzania i egoizmu – Stwórcy i stworzenia.

„/9:18/ Synami Noego, którzy wyszli z arki, byli: Sem, Cham i Jafet; a Cham był ojcem Kanaana. /9:19/ Ci trzej byli synami Noego i z nich wywodzi się cała ludność ziemi".

Twoje naprawione pragnienia nazywają się „synami". Na początku jest ich trzech (mowa tu o trzech liniach: prawej

– od Stwórcy, lewej – od stworzenia i środkowej –wyniku ich połączenia).

Od nich „wywodzi się wszelka żywa istota na ziemi".

Żywym nazywa się to, co przeciwstawia się egoizmowi. Nawet jeśli wydaje ci się czasem, że wszystko wokół jest nieżywe, nie przeciwstawiające się egoizmowi, a wręcz przeciwnie, rozdzierające świat na kawałki, samolubne, prowadzące do zagłady i śmierci – zatrzymuj się, pomyśl o celu i kontynuuj swoją pracę nad naprawą siebie i świata. Bo nie na próżno zostało wszystko stworzone, ale tylko w jednym celu – aby ponownie zjednoczyć się ze Stwórcą. Uwierz mi, wkrótce zostanie ci to objawione.

Odkryje się jeszcze coś bardzo ważnego: wszystko jest kierowane przez jedno prawo – Prawo Miłości!

„/11:1/ Cała ziemia miała jeden język i jednakowe słowa".

Widzisz, że po „potopie" wszystkie pragnienia są skierowane tylko do Stwórcy. Wszystkie stanowią jedną całość ze sobą i z naturą. Nasze wszystkie pragnienia („przemyte" przez Światło miłosierdzia) „mówią" jednym językiem – miłości do Stwórcy.

Jednak te pierwsze pragnienia altruistyczne mają przed sobą jeszcze bardzo dużo pracy do wykonania. Muszą zbliżyć się do pragnień egoistycznych, zmieszać się z nimi i zacząć je naprawiać od „lżejszych" do „trudniejszych", aż cały egoizm będzie naprawiony. Celem jest „całkowite oczyszczenie szklanki".

Stanie się to później. Teraz jesteśmy dopiero na początku drogi.

„/11:2/ Podczas swojej wędrówki ze wschodu znaleźli równinę w kraju Synear i tam się osiedlili".

„Podczas swojej wędrówki..."

Każdy ruch oznacza osiągnięcie, poznanie nowego duchowego stopnia.

„...i tam się osiedlili..."

„Osiedlić się" oznacza zacząć mieszać się z nowymi egoistycznymi pragnieniami, które przejawiają się na następnym stopniu.

Tutaj zaczyna się przenikanie jednego pragnienia w drugie, co prowadzi do nieoczekiwanych wydarzeń. Jakich?... Podążamy za Księgą.

„/11:4/ Potem rzekli: Nuże, zbudujmy sobie miasto i wieżę, której szczyt sięgałby aż do nieba, i uczyńmy sobie imię, abyśmy nie rozproszyli się po całej ziemi!"

Oto mamy pierwsze i bardzo znaczące wydarzenie, które wywróciło do góry nogami świat (zarówno starożytny, jak i nasz) – rozpoczęcie budowy Wieży Babel, znana wszystkim historia, która naprawdę wydarzyła się ponad pięć tysięcy lat temu, ale nadal jest bardzo aktualna w naszych czasach. Zatem przyjrzymy się jej szczegółowo i ze wszystkich stron.

Chociaż wspomnieliśmy już o tym wydarzeniu na samym początku opowiadania, przytoczmy informację historyczną, która służy jako dowód na to, że wszystko, co dzieje się w świecie materialnym, ma swój korzeń w świecie duchowym. Wszelkie wydarzenia historyczne są konsekwencją tego, co już wydarzyło się w wymiarze duchowym. Jest takie powiedzenie: „Nie ma źdźbła trawy na dole, nad którym nie stoi anioł na górze, który je 'bije' i mówi: 'Rośnij!'" Tak samo jest z historią o Wieży Babel. Miała ona miejsce i kroniki historyczne potwierdzają ten fakt.

HISTORIA BUDOWY WIEŻY BABEL

Na początku dwudziestego wieku niemiecki archeolog Robert J. Koldewey odkrył ruiny wieży o wymiarach 90 x 90 x 90 m na miejscu, gdzie znajdował się starożytny Babilon,. Herodot, który żył w piątym wieku p. n. e., opisał wieżę jako 7-poziomową piramidę o analogicznych wymiarach. Źródła historyczne podają, że w centrum Babilonu znajdowało się świątynne miasto Esagila, a w jego sercu znajdowała się Wieża Babel – świątynia najwyższego bóstwa Marduka. Nazywano ją Etemenanki, co oznacza „kamień węgielny nieba i ziemi".

Esagila była centrum religijne całego ówczesnego świata, gdzie kwitło pogaństwo. Astrologia, znaki zodiaku i horoskopy, wróżbiarstwo, mistycyzm liczb, spirytyzm, magia, czary, czarnoksięstwo, rzucanie uroku, zaklęcia, przywoływanie złych duchów – to wszystko powstało w Esagili, przetrwało do naszych czasów i właśnie dzisiaj nastąpił kolejny rozkwit tych barbarzyńskich wierzeń.

POWSTANIE JĘZYKÓW ŚWIATA

Istnieje hipoteza naukowa, że indoeuropejskie języki wywodzą się z języka, którym posługiwały się ludy epoki budowy Wieży Babel.

Dr Russell Gray z Uniwersytetu w Auckland (Nowa Zelandia) obliczył przybliżony „wiek" osiemdziesięciu siedmiu języków indoeuropejskich i ustalił, że najprawdopodobniej powstały w okresie istnienia Wieży Babel, a następnie miała miejsce migracja ludów: na zachód do Europy i na wschód do Indii.

„WIEŻA BABEL" WEWNĄTRZ NAS

Jednak są to hipotezy historyczne na temat faktu istnienia wieży Babel, natomiast nas interesują *korzenie* wszystkiego, co mogło się tam wydarzyć w owych odległych czasach. Staramy się zrozumieć przyczynę, odnieść ją do naszego świata wewnętrznego i sprawić, żeby więcej nie powtórzyło się powstałe odseparowanie. Z tego wynika, że odkrywając światy duchowe, człowiek może wpłynąć na przyczynę wydarzeń i zmienić swój los, los świata i ludzkości.

Zatem mieszkańcy Babilonu postanawiają zbudować „wieżę do niebios". Dla większej jasności i jako dowód przytoczmy cytaty z Ustnej Tory, która jest równie szanowanym źródłem wiedzy duchowej. Przez wieki była przekazywana ustnie z pokolenia na pokolenie, z ust do ust, od nauczyciela do ucznia i nigdy wcześniej nie była spisana. Ustna Tora jest całkowicie oparta na interpretacji treści Tory Pisanej. Oto co nam opowiada:

«Pokoleniu Nimroda była znana historia o potopie i żyło ono w strachu, że takie wydarzenie może się powtórzyć. Dlatego ludzie szukali takiego miejsca, gdzie wszyscy mogliby zamieszkać w pełni bezpiecznie. W końcu znaleźli dolinę w ziemi babilońskiej wystarczająco dużą, by pomieścić ich wszystkich.

Ludzie ukoronowali Nimroda na króla, a ponieważ wszyscy osiedlili się w Babilonie, to stał się on faktycznie władcą całej populacji Ziemi...

Nimrod zwrócił się do ludu z propozycją: „Zbudujmy wielkie miasto, w którym będziemy mogli żyć wszyscy razem.

I zbudujmy w nim bardzo wysoką wieżę". Poddani z zapałem przyjęli jego propozycję: „Zbudujmy wieżę tak wysoką, że sięgnie nieba, i stwórzmy sobie imię. Inaczej wydarzy się jeszcze jeden potop i rozproszy nas po świecie".

Jednakże podczas gdy wszyscy byli zgodni co do konieczności zbudowania wieży, różne były ich opinie odnośnie celu jej budowy.

Część ludu myślała w ten sposób: „W przypadku nowego potopu wejdziemy na szczyt wieży i woda nie dosięgnie nas". Inna grupa ludzi – ci, którzy mówili: „Stwórzmy sobie imię" – zamierzała uczynić na szczycie wieży miejsce spotkań, aby czcić tam bożków i w ten sposób uchronić się przed wszelką katastrofą. Jeszcze inni twierdzili: „To niesprawiedliwe, że Stwórca sam panuje nad wyższymi sferami, ograniczając nas do panowania nad niższym światem...»

Czy słyszysz, jak przemawia egoizm?!... „Sami dotrzemy do niebios, o własnych siłach, bez pomocy Stwórcy. To my będziemy panować nad światem, a nie On..." „Zbudujmy wieżę tak wysoką, że sięgnie nieba, i stwórzmy sobie imię..."

Skąd ta śmiałość?...

Wchodzisz teraz na nowy stopień – o to właśnie chodzi.

Dzięki temu, że poradziłeś sobie z poprzednim stopniem, dodaje ci się jeszcze egoizmu do pracy z nim i na tym nowym stopniu jest on gospodarzem. Ma na imię „Nimrod".

„Ludzie ukoronowali Nimroda na króla, a ponieważ wszyscy osiedlili się w Babilonie, to stał się on faktycznie władcą całej populacji Ziemi..."

„Nimrod" – to nowa, potężna siła egoistyczna, która zarządza całym egoizmem.

To z nim musisz teraz walczyć.

UPADEK W CELU WZNIESIENIA

Najpierw doświadczasz upadku. „Dzień" staje się dla ciebie „nocą" i ponownie pojawia się całkowite poczucie, że egoistyczna siła tego stopnia zwycięża. Wydaje się, że zapomniałeś wszystko, co osiągnąłeś wcześniej: jakbyś nie „przetrwał potopu", jakby nie było „Noego" ani jego „synów"… Twoje pragnienie obdarzania poddaje się sile „Nimroda".

(Fakty historyczne świadczą, że właśnie w owym czasie w Babilonie rzeczywiście wydarzył się potężny skok egoizmu, który wywrócił ówczesny świat do góry nogami.)

Więc upadek? Tak, upadek. Co więcej – niezbędny upadek, z którego należy się cieszyć, ponieważ od tej chwili rozpoczyna się zdobywanie następnego szczebla duchowej drabiny.

Otwiera się w tobie nowy stopień.

Jaki jest cel upadku? Zaraz, zaraz, czyż nie tak jest w naszym życiu?

Na przykład już przez wiele lat pracujesz jako kierownik małego działu. Tak długo jesteś na tym stanowisku, że wiesz wszystko o swoim małym, ciepłym zespole, w którym wspólnie obchodzi się święta, plotkuje się o sobie nawzajem… I nagle dostajesz awans, z którego nie możesz zrezygnować. Zostajesz przeniesiony do zespołu kierowniczego.

Już doświadczasz bezsennych nocy i ciągle przychodzą myśli: „Dlaczego się zgodziłem? Żegnajcie spokój i szczęście, które miałem…"

Nowy stopień.

Trzeba się przyzwyczaić do zmienionych warunków, do nowych egoistycznych pragnień: duża pensja, chęć przypodobania się podwładnym i przełożonemu, marzenie o tym, że to nie ostatni awans, trzeba tylko dać z siebie wszystko, a wtedy – wszystko się może zdarzyć – można nawet porwać się na stanowisko głównego inżyniera… itd.

Nic nie poradzisz – to inny, wyższy stopień.

To jest przykład z naszego świata egoistycznego.

Jeśli chodzi o świat duchowy, to nowy stopień zaczyna się przede wszystkim z upadku. Dla tych, którzy to rozumieją, upadek jest początkiem kolejnego wzniesienia, a zatem radosnym wydarzeniem, cokolwiek by się nie działo.

Już wiesz, że pewna porcja egoizmu została już przerobiona i dodano ci nową porcję. Rozpocznie się niebawem kolejne wzniesienie, a zatem nastąpi większe objawienie Stwórcy. To inspiruje.

Wielki kabalista RASZBI, który napisał księgę „Zohar", znajdował się na takich wysokościach duchowych, których nie można sobie wyobrazić. Jednak przed osiągnięciem każdego nowego stopnia doświadczał upadku. Przed wejściem na ostatni, 125 stopień, jego upadek był tak głęboki, że poczuł się nie autorem wielkiej księgi, ale niepiśmiennym handlarzem z rynku, który zapomniał nawet alfabetu, jak gdyby nigdy nie miał żadnych duchowych osiągnięć.

Jednak różni się on od wszystkich innych, doświadczających stanu upadku, właśnie tylko tym, że wiedział na pewno, że ten stan niebawem minie, ponieważ poprzedza przejście na wyższy stopień. Trzeba się tylko trzymać, bo przed wzniesieniem dodaje się kolejną porcję egoizmu, którą musisz naprawić.

Nigdy nie można przewidzieć, co cię czeka w świecie duchowym. Każdy nowy stopień – to podróż w nieznane. Niższy nie jest w stanie poznać Wyższego, który go wznosi, dopóki nie osiągnie poziomu Wyższego (czyli, jak mówiliśmy, dopóki nie odkryje imienia tego wyższego stopnia lub nowego imienia Stwórcy).

Z powyższego jedno jest jasne, że w światach duchowych występuje tylko wzniesienie, a doświadczenie upadku też jest wzniesieniem.

Wzniesieniem na drodze do Celu.

BABILON WCZORAJ I DZIŚ

Wróćmy do Babilonu. Co widzimy?

Zdawałoby się chwilowe zwycięstwo egoizmu – „Nimroda i jego otoczenia".

Nawiasem mówiąc, gdy mówimy, że poznając nowy stopień, odkrywamy coraz to nowe imię Stwórcy, okazuje się, że „Nimrod" także jest jednym z Jego imion. Dlaczego? Dlatego że *nie ma żadnej innej siły na świecie*. To Stwórca stwarza nam przeszkody na drodze do Celu, które musimy pokonać. *W ten sposób* nas wychowuje, oczyszcza, dlatego że musimy stać się godni tego daru, który jest dla nas przygotowany na końcu drogi.

„Budowa wieży była gigantycznym przedsięwzięciem. Ponieważ w ziemi babilońskiej nie było kamienia, ludzie wynaleźli nowy materiał budowlany: wypalali glinę w piecu i powstałe cegły używali zamiast kamienia...

Cegły jakby same z siebie wyprodukowały się: gdy ludzie kładli jedną cegłę w mur, to okazywało się, że są w nim dwie cegły, a gdy kładli dwie, to w murze pojawiało się cztery cegły...”

Co się słyszy w tym fragmencie? Głos egoizmu – „króla Nimroda i jego ludu”, którzy mówią: „Nie potrzebujemy wyższej siły. Rozwiniemy technologię budowlaną, będziemy wierzyć tylko we własne ręce, własny umysł i w ten sposób zwyciężymy”.

„...Ponieważ w ziemi babilońskiej nie było kamienia, ludzie wynaleźli nowy materiał budowlany...”

Czyż nie tak właśnie się teraz dzieje?... Ale dokąd prowadzi nas postęp?!

„...wypalali glinę w piecu i powstałe cegły używali zamiast kamienia...”

Tak samo zamierzali zwyciężyć, którzy wyrzekli się uznania wyższej siły i uwierzyli tylko w siebie. Jak pięknie, wydawałoby się, brzmiały hasła o równości, braterstwie i miłości (egoizm jest podstępny!). Jednak za tymi hasłami nie stała wyższa siła, nie było Stwórcy. Wszystko budowało się na „ziemi”, opierało się na egoizmie bez głębokiego zrozumienia faktu, że człowiek z natury jest egoistyczny i prędzej czy później wszystko wybuchnie i oczekiwany raj zamieni się w piekło.

To samo do niedawna miało miejsce na całym świecie, zwłaszcza w Ameryce, póki nie zaczął się nowy proces uświadomienia sobie, iż żaden postęp nie jest w stanie doprowadzić do szczęścia, jeżeli nie ma połączenia z Najwyższym. Chociaż na początku wydaje się, że doprowadzi do szczęścia i dzięki postępowi będziemy pracować nie dwanaście godzin dziennie, a pięć, a człowiek będzie miał więcej czasu dla rodziny, na czytanie, na własne wykształcenie, samodoskonalenie. Owszem, na pierwszy rzut oka wszystko wyglądało tak pięknie, jakoby można było osiągnąć wszystko samemu, wystarczy tylko przyłożyć sił i głowy.

„…Cegły jakby same z siebie wyprodukowały się: gdy ludzie kładli jedną cegłę w mur, to okazywało się, że są w nim dwie cegły, a gdy kładli dwie, to w murze pojawiało się cztery cegły…"

I co mamy w rezultacie? Pracujemy o wiele dłużej niż wcześniej, staliśmy się niewolnikami przedsiębiorstw, rozpadają się rodziny, gwałtownie wzrasta liczba rozwodów, a w konsekwencji nieszczęśliwych dorosłych i dzieci. Człowiek szuka zapomnienia w alkoholu i narkotykach, popada w depresję, która stała się najpopularniejszą chorobą naszych czasów… Tak, jaskiniowiec był o wiele szczęśliwszy niż my.

Taka właśnie jest konsekwencja postępu, który nie ma nic wspólnego ze Stwórcą, czyli z *naprawą człowieka*, z nabyciem przez niego właściwości obdarzania.

Co wobec tego dał nam postęp? To, że już coraz wyraźniej zaczynamy dostrzegać, iż *bez połączenia ze Stwórcą nasze istnienie jest niemożliwe* – a to jest najważniejszy rezultat postępu.

Bez uświadomienia sobie nieodzowności naprawy egoizmu nie można przystąpić do żadnej sprawy. Jeżeli człowiek jest „nienaprawiony" lub nie znajduje się w procesie naprawy, to zawsze będzie narażony na fortele egoizmu („Nimrod" na etapie budowy Wieży Babel, „faraon" na etapie Egiptu...) i nie powstrzyma się przed niczym: rozpęta wojnę, naciśnie przycisk bomby jądrowej, weźmie łapówkę, wrobi bliźniego, jeśli będzie z tego miał korzyść...

Bo egoizm jest sprzedajny.

Jestem pewien, że cały świat wkrótce dojdzie do wniosku, że jedynie wyższa siła jest w stanie poskromić egoizm. Do niej musimy się zwrócić. Zobaczysz, czytelniku, że za niedługo wszyscy będziemy musieli zwrócić się do niej, bo nie będziemy mieli innego wyjścia (lepiej zrobić to wcześniej, nie poprzez ogromne cierpienia, ale poprzez *uświadomienie sobie* konieczności połączenia się ze Światłem, z wyższą zarządzającą siłą. Potrzebujemy instrukcji...).

«...Wieża ciągle rosła i wkrótce stała się tak wysoka, że zajmowało to rok, aby dostać się na jej szczyt. Do wieży prowadziły dwie pary szerokich schodów: jedna ze wschodniej strony, a druga z zachodniej. Ta, która była od strony wschodniej, służyła do podnoszenia ładunków, a ta od zachodniej – do zejścia ludzi. Aby dostarczać materiały budowlane, trzeba było cały czas biegać w górę i w dół.

Budowniczowie byli tak fanatyczni w swoim dążeniu do ukończenia budowy wieży, że gdy jakaś cegła spadała w dół i pękła, lamentowali: „Jak trudno będzie ją zastąpić". A gdy jakiś człowiek spadał w dół i ginął, nikt nawet nie zwracał na to uwagi...»

Właśnie w ten sposób na pierwszym etapie egoizm tłumi wszelkie zarodki bezinteresowności: **„...człowiek spadał w dół i ginął, nikt nawet nie zwracał na to uwagi..."**

Już mówiliśmy, że słowo człowiek (Adam) pochodzi od słów „podobny do Stwórcy". Tak więc lud Nimroda nie potrzebował niczego podobnego do Stwórcy, potrzebował tylko cegieł do budowy. Zastanówcie się nad tymi słowami, wczujcie się w nie: **„...człowiek spadał w dół i ginął, nikt nawet nie zwracał na to uwagi..."**

«...Pewnego dnia obok miejsca budowy wieży przechodził człowiek imieniem Abraham, syn Teracha. Skończył wtedy czterdzieści osiem lat i był dobrze znany jako przeciwnik budowy wieży. Jeszcze wcześniej, gdy przyszli do niego i zaprosili: „Przyłącz się do nas w budowie wieży, bo jesteś silnym mężczyzną i będziesz bardzo przydatny", odmówił, oznajmiając: „Wyrzekliście się Stwórcy, który sam jest Wieżą, i postanowiliście zastąpić Go wieżą zbudowaną z cegieł!"»

Oto tak realnie manifestuje się w nas altruistyczna siła, odpowiadająca temu stopniowi egoistycznemu, i tylko ona była w stanie pokonać „Nimroda". Nazywa się ona „Abraham". Ta siła jakby mimochodem rzuca swoje ostrzeżenie. Jeszcze nie radzi sobie z naszym wzmożonym egoizmem, ale jej głos jest już słyszalny, a to niezwykle ważne. Oznacza to, że zaczynasz budzić się do życia, wychodzić ze stanu upadku. Z nowymi altruistycznymi siłami przystępujesz do działania.

Tymczasem zbliża się rozwiązanie: wkrótce ma nastąpić „zburzenie wieży" (nic nie może być zbudowane na egoizmie, a tylko na połączeniu z Najwyższym!)

CO ROBIĆ

Księga radzi: przysłuchuj się „Abrahamowi w sobie", znajdź go wśród egoistycznego szaleństwa i daj mu możliwość działania. Niech egoizm wrzeszczy dookoła i stawia dziki opór wszelkim zmianom prowadzącym do duchowego rozwoju, ale trzeba zrozumieć, że nie ma innej drogi. Wszystko inne zostało już wypróbowane i przekonujemy się na własne oczy, że nie przyniosło rezultatu.

Zdecyduj się, a odniesiesz sukces. Odkryje się światu dzisiejszy Abraham. Dlatego nauka Kabały, która była dotychczas ukryta, ujawnia się dziś ludzkości. Jeśli ludzkość posłucha, to pójdzie drogą twórczą i połączy się z naturą, a jeśli nie posłucha, to i tak osiągnie ten sam cel, jednak drogą cierpień.

Co to znaczy połączenie z naturą?

Ponad pięć tysięcy lat temu kabaliści pisali o tym w Księdze Stworzenia. (Współcześni naukowcy dochodzą do tego samego wniosku poprzez badania eksperymentalne.)

Wokół nas istnieje tylko jedno prawo, którego nie przestrzegamy.

Prawo Natury – to prawo absolutnego altruizmu, absolutnej miłości. Ono działa wokół nas z pełną mocą. Jest to Prawo Stwórcy.

My jednak swoim egoizmem jesteśmy przeciwieństwem tego Prawa. Zamiast naprawy stale rosnącego egoizmu i upodobnienia się do Natury, tworzymy sztuczną ochronę przed nią. Dokładnie w tym celu rozwijamy naukę i technologię. Jest to

„budowa Wieży Babel", kiedy człowiek nie chce się naprawić, ale pragnie panować nad Naturą.

Od czasów Babilonu egoizm rozwijał się stopniowo i osiągnął obecnie swój maksymalny poziom. Ludzkość zawiodła się na poszukiwaniu możliwości zaspokojenia swojego egoizmu poprzez rozwój technologiczny i społeczny. Zaczynamy już zdawać sobie sprawę, że cała nasza długa droga była odbyta daremnie. Można powiedzieć, że właśnie w naszych czasach na skutek trwającego kryzysu i w związku z uświadomieniem sobie ślepej uliczki rozwoju następuje proces „burzenia Wieży Babel".

W obecnych warunkach należy tylko dokonać właściwego wyboru. W końcu ile można popełniać błędy i cierpieć?!

Już w połowie lat trzydziestych ubiegłego stulecia wielki kabalista Baal HaSulam napisał, że jeżeli ludzkość się nie opamięta, to dojdzie do trzeciej, a następnie czwartej wojny światowej, w wyniku których pozostanie tylko garstka ludzi na świecie, która to zjednoczy się z Powszechnym Prawem. Wtedy dopiero zapanuje na świecie prawdziwy pokój i szczera miłość. (Spróbuj, czytelniku, przełożyć te słowa na język Pięcioksięgu. Gdy nie jesteś rozdzierany przez egoizm, to z radością jesteś gotowy oddać się innym, a miłość jest wynikiem obdarzania, której doświadcza każda ze stron.)

„W końcu Stwórca 'zszedł' na ziemię razem z siedemdziesięcioma aniołami i zaczął czynić sąd nad tym pokoleniem..."

Mówi się tu o tym, że w wyniku rozbicia altruistyczna siła (Stwórca, Prawo) „zstąpiła na ziemię", to znaczy weszła w pragnienie egoistyczne (w „ziemię").

Nie przestrasz się słów **„...czynić sąd nad tym pokoleniem...”** To tylko oznacza, że nagle zobaczyliśmy siebie takimi, jakimi naprawdę jesteśmy. Uświadomiliśmy to sobie w świetle altruistycznych iskier, które przeniknęły w nas. Jak gdyby promienie latarki oświetliły ciemność, sprawiły, że przejrzeliśmy i zrozumieliśmy, że wszystkie nasze postępowania są podyktowane tylko samolubstwem.

„Jestem egoistą!” – to egoistyczne odczucie składa się z siedemdziesięciu

poszczególnych egoistycznych pragnień (siedemdziesięciu sfirot). Do każdego z tych pragnień dostała się iskra altruizmu podczas rozbicia i w rezultacie wywróciła całe nasze życie do góry nogami, zburzyła cały zwyczajny porządek i zmusiła nas do zastanowienia się nad sobą.

„...Wyobraź sobie zaskoczenie tych ludzi, gdy pewnego ranka nagle odkryli, że nie potrafią rozmawiać ze sobą *w tym samym* języku i z jakiegoś powodu mówią siedemdziesięcioma różnymi językami”. Oznacza to, że w promieniach tego Światła altruistycznego stało się jasne, że każde pragnienie istnieje tylko „dla własnego dobra”. Jak każdy człowiek na ziemi. Jeden nie rozumie drugiego, a wszelkie nawoływania do braterstwa i miłości są tylko pustymi sloganami. Prawdziwy altruizm uwypuklił przepaść, jaka istnieje między egoistycznymi pragnieniami, między ludźmi, narodami, i pokazał, że egoizm nie pozwala nam kochać, być razem, mówić tym samym językiem. Egoizm występuje, gdy każdy życzy dobra tylko dla siebie, gdy mówi własnym językiem, niezrozumiałym dla innych.

«Natychmiast nastąpiło zmieszanie języków. Ludzie zwracali się do siebie, ale nie rozumieli ani słowa.

Jeden mówił: „Daj wody". Drugi zamiast wody podawał mu glinę. Jeden prosił: „Daj mi linę", ale otrzymywał piłę. Znany jest przypadek, gdy człowiek, który otrzymał piłę zamiast liny, uderzył tego, który go nie zrozumiał, i zabił go. Rozpoczęły się straszne konflikty i zamieszanie. Wszyscy chwycili za miecze i zaczęli zabijać swoich przyjaciół. W ten sposób zginęła połowa ludzkości».

W świetle altruizmu wyłania się fakt, że egoizm nie ma przyjaciół. Jego powołaniem jest doprowadzenie człowieka do skrajności, do ślepego zaułka. Tylko wtedy zda sobie sprawę, że znalazł się w pułapce, w niewoli egoizmu i że nie miał żadnej wolnej woli, a wszystko, co robił, działo się wyłącznie według wskazówek samolubstwa.

Nagle okazuje się, że zamiast tworzenia człowiek stale „zabijał" siebie, a w wyniku terroru, bezradności, zażywania narkotyków, braku spełnienia znalazł się w końcu w rozpaczliwej sytuacji. Nie widzi możliwości dalszego rozwoju, zresztą nawet nie chce podążać w żadnym kierunku. Tak bardzo oddalił się od Natury, że nie rozumie, skąd ma przyjść zbawienie i co należy robić... Właśnie to uświadomienie sobie swojego stanu oznacza „zburzenie Wieży Babel" w nas.

I co dalej?...

Dalej z pomocą musi przyjść nauka Kabały, która powstała w okresie starożytnego Babilonu. Przez te wszystkie tysiąclecia trzymano ją w tajemnicy, a teraz musi wyjść na światło dzienne, ponieważ ludzkość nigdy sama z siebie nie zrozumie, jak ma dalej rozwijać się. Będzie się coraz bardziej degradować, aż będzie gotowa zaakceptować Kabałę i skorzystać z oferowanej przez nią metody naprawy świata jako sposobu na rozwiązanie wszystkich problemów.

Tymczasem doszliśmy do końca rozdziału „Noe". Przed nami nowy rozdział „Idź do siebie" (w oryginale „Lech Lecha").

ROZDZIAŁ
„IDŹ DO SIEBIE"

Drogi czytelniku, wkrótce wzniesiesz się na następny stopień egoistyczny, który jest *w tobie*! Na scenę wchodzą inne postacie – twoje nowe pragnienia. Mają tylko jeden cel – pomóc ci osiągnąć najdoskonalszy stan.

Aby kontynuować naszą podróż w głąb samych siebie, musimy się trochę cofnąć do okresu, kiedy byłeś pewien, drogi czytelniku, że możesz wszystko zrobić sam, możesz wszystko stworzyć własnymi rękami, że masz tyle sił, aby stać się szczęśliwy bez pomocy z zewnątrz… Było to *do zburzenia „Wieży Babel" w tobie*.

„KRÓLESTWO EGOIZMU"

W tamtym czasie panował w tobie „król imieniem Nimrod" – twój egoizm. Wiernie podążałeś za nim, wierzyłeś i tylko go czciłeś.

Oto co mówi o tym okresie Ustna Tora (zwana „Midrasz"):

„…Siła i przebiegłość króla Nimroda stały się przysłowiem. Wszyscy wiedzieli, że jego ręka wycelowana w serce jelenia nigdy nie chybiła celu. Biada temu, kto się odważył zwątpić w to, że Nimrod jest bogiem, który sam siebie stworzył. Obok jego tronu zawsze stał kat…"

„Nimrod" w tobie jest naturalnym, wystarczająco rozwiniętym egoizmem, który chce i może osiągnąć wszystko… I nie masz co do tego żadnych wątpliwości!

„Wszyscy wiedzieli, że jego ręka wycelowana w serce jelenia nigdy nie chybiła celu…"

Przypomnij sobie, że całe twoje życie, wszystkie twoje zamiary były skupione wyłącznie na życiu tylko dla siebie. „Co mi to da?" – oto zasada, która prowadziła cię ścieżką życia. Wszystkie relacje z ludźmi wokół w istocie opierały się wyłącznie na tym.

„Nimrod" zawsze był twoją istotą. Nie brał pod uwagę nikogo i niczego poza sobą.

„Biada temu, kto się odważył zwątpić w to, że Nimrod jest bogiem…"

„Niech wszystko istnieje, ale pode mną! To jest dla mnie. Jestem gotów zaakceptować wszystko, gotów zapłacić, ale jestem ponad wszystkimi! Dlatego nie może być tak, że ktoś mnie stworzył" – tak rozumował twój egoizm.

„…Nimrod był bogiem, który sam siebie stworzył…"

„Moje 'ja' jest nadrzędne" – tak postrzegałeś siebie. Nie liczyłeś się z nikim, twój wewnętrzny „Nimrod" panował nad wszystkim, zasiadając na tronie.

Tron to władza, to „Wieża Babel" w tobie, która przeciwstawia się Stwórcy, buntuje się przeciwko Niemu. Jeszcze nie wiesz, że się nie ostoi, że twój „Nimrod" nic nie osiągnie…

„…Obok jego tronu zawsze stał kat…"

„Kat", który zawsze stoi „obok tronu" to twoje poczucie, że wszystko, co nie jest pożądane przez egoizm, co ośmiela się go w jakiś sposób ograniczyć, zmniejszyć, skrępować, podlega natychmiastowemu zniszczeniu.

Twój „Nimrod" nie znosi niczyjej władzy wokół siebie. Przypomnij sobie, w jakich sytuacjach doświadczyłeś największej urazy i bólu? – Kiedy zadawano cios twojej istocie. Czułeś się upokorzony, gdy ktoś atakował twoje „Ja", zagrażał mu, dotykał „najświętszego ze świętych w tobie" – „boga Nimroda".

PRZEPOWIEDNIA

Ustna Tora dalej opowiada:

«...Pewnego dnia astrolodzy Nimroda podeszli z szacunkiem do tronu i padli przed królem na twarz. „Wielki władco – oznajmili – dowiedzieliśmy się o poważnym zagrożeniu twojej władzy. Gwiazdy przepowiadają, że w królestwie twoim narodzi się wkrótce chłopiec, który będzie **zaprzeczał twojej boskości i pokona cię!"»**

„Astrolodzy Nimroda"– to twój własny strach, drogi czytelniku, który istnieje w samym egoizmie, strach przed tym, że *coś* może podważyć go, twój fundament, twojego „Nimroda". Właśnie ten strach sprawia, że egoizm ciągle dba o swoje spełnienie, pomyślność: więcej, jeszcze więcej, jeszcze i jeszcze... I co ciekawe – to ciągłe dążenie do bycia napełnionym prowadzi w końcu do tego, że w tobie „rodzi się chłopiec", który pewnego dnia pokona twego "Nimroda".

Kim jest ten „chłopiec, który rodzi się w tobie"? To w ten sposób objawia się następny stopień i on wyłania się z tego samego „Nimroda" – twego „Ja", które nagle zaczyna rozumieć, że nieszczęściem jest bycie „Nimrodem". Niespodziewanie uświadamiasz sobie, że takie życie nie może być nazwane szczęśliwym, bo ciągle musisz dbać o siebie, „miażdżyć" innych, mieć się na baczności, chroniąc swoje „Ja" przed wtargnięciem z zewnątrz, dbać o to, by ciągle znajdować się na szczycie, na swoim „tronie".

Tymczasem nie jesteś w stanie zniszczyć wszystkich, którzy stanowią dla ciebie zagrożenie, bo inaczej nad kim będziesz panował? W rzeczywistości twój egoizm jest całkowicie, absolutnie zależny od tych, którzy cię otaczają, i widzimy to na licznych przykładach.

(Weźmy na przykład aktorów filmowych lub gwiazdy show-biznesu, lśniących przed innymi białozębnym uśmiechem świadczącym o absolutnym szczęściu. Ale czy tak jest w rzeczywistości?

Przy całych swoich ogromnych honorariach są bardzo zależni od opinii mediów, od producentów, wpływów pieniężnych, reżyserów, publiczności – krótko mówiąc, od wszystkich, którzy ich otaczają! Bardzo często nie wytrzymują takiej presji i uzależniają się od narkotyków, alkoholu, szukając wyjścia z tej klatki, do której wpędził ich własny egoizm.)

„Nimrod" sprawuje władzę i żąda posłuszeństwa przez cały czas. „Dołóż wszelkich starań, aby być szanowanym – twierdzi egoizm. – Stań na uszach, ale zrób to!"

Nie możesz zniszczyć swojego otoczenia. Nie jesteś w stanie wymazać „Ja" innych, nawet gdybyś miał taką możliwość, ponieważ nie miałbyś wtedy nad kim panować... Nie mógłbyś i nie chciałbyś przecież demonstrować swojej wyższości na przykład nad stadem krów. Potrzebujesz otoczenia intelektualistów, żeby to oni, a nie nieme stworzenia, kłaniali się przed tobą. Tylko wtedy egoizm żyje. To znaczy, że twój „Nimrod" jest bardzo zależny od innych. Jest zmuszony ich wspierać, płacić im, powinien ich pielęgnować... i jednocześnie deptać. Ponieważ to właśnie w momencie ucisku innych góruje.

Dlatego następnym etapem rozwoju egoizmu, „Nimroda" w tobie, jest stan, kiedy *sam* zaczyna *uświadamiać sobie* swoją zależność, bezbronność i słabość. Proces ten nazywa się *uświadomieniem sobie zła*, do którego dochodzi „Nimrod". Wreszcie powstaje w tobie poczucie, że twoja wolność jest czymś ograniczona. Jesteś zależny od wszystkich. Jest to problem królów, prezydentów i wszystkich sprawujących władzę, ale tak naprawdę jest to problem każdego człowieka.

Musisz *stale* budować piramidę, ale tak, żeby zawsze pozostawać na jej szczycie. Potrzebujesz szacunku ze strony swoich dzieci, żony, krewnych, współpracowników,

pasażerów autobusu czy innych uczestników ruchu drogowego, czy szczekającego na ciebie psa sąsiada... Ale jak długo można trwać w takim stanie?!

Dlatego twoim następnym stopniem jest „Abraham". Jest to wolność, to wzniesienie.

Jest to rewolucyjna idea, do której doszedłeś po wszystkich cierpieniach i uświadomieniu sobie, że *obdarzanie*, a nie otrzymywanie powinno być jedynym sensem twojego istnienia.

Zrozumiałeś, że powinieneś wyrzec się, odrzucić wszystko, co niepotrzebne, fałszywe! Taki jest nowy etap, który wyłania się w tobie, w twoim „Nimrodzie".

Wynika z tego, że „Abraham" nie może istnieć bez „Nimroda". „Nimrod" jest stopniem poprzedzającym „Abrahama". „Nimrod"– to nadmierny egoizm, który zdaje sobie sprawę, że ostatecznie zmierza do samozniszczenia, jeżeli nie zostanie znaleziony nowy system napełnienia, czyli jeśli nie wzniesie się ponad siebie.

Ale idźmy dalej…

„…Pewnego dnia astrolodzy Nimroda podeszli z szacunkiem do tronu i padli przed królem na twarz…"

Kim są oni, „astrologowie Nimroda"? Są to *siły* w twoim egoizmie, które mówią, że dalsze istnienie w ten sposób jest po prostu niemożliwe. Są to stany pośrednie, które przepowiadają, przewidują nadejście następnego etapu, którym powinien być „Abraham".

A zatem „astrolodzy" wewnątrz ciebie to stan pośredni między „Nimrodem" a „Abrahamem".

„…Gwiazdy przepowiadają, że w twoim królestwie narodzi się wkrótce chłopiec, który będzie zaprzeczał twojej boskości i pokona cię!"

A co w tym przypadku oznaczają „gwiazdy"? Są to siły twojego wewnętrznego rozwoju. Nie ma sensu przeciwstawiać się im. Będzie tak, jak mówią, nawet jeśli jesteś samym królem Nimrodem. Nie możesz być ponad nimi. Prędzej czy później egoizm z pewnością ustąpi miejsca altruizmowi. Będziesz szczęśliwy. Na pewno! Odkryjesz dla siebie świat duchowy, akceptując jego prawa. Tylko do tego celu jesteś prowadzony i bez względu na to, jak bardzo będziesz stawiał temu opór, będziesz doprowadzony!

«...Nimrod zwrócił się do swoich ministrów: „Jakie środki zapobiegawcze proponujecie?" Odpowiedź przyszła szybko: „Rozkaż, aby odtąd wszyscy nowonarodzeni chłopcy byli zabijani!" – „Doskonała rada! Zwołać zebranie architektów. Wydam nakaz o budowie specjalnych domów, w których będą przetrzymywane wszystkie kobiety w ciąży. Musimy się upewnić, że przy życiu pozostaną tylko dziewczynki..."»

Nie przestrasz się, czytelniku, czytaj dalej, starając się zrozumieć wewnętrzny sens tego tekstu. Na początek wyjaśnię, że „syn, chłopiec" w języku hebrajskim to „ben" i pochodzi od słowa „mewin", które oznacza „poznanie, odkrycie" – odkrycie *nowego poziomu*. Właśnie tego boi się twój „Nimrod". To zagraża jego władzy. Aby się chronić, egoizm musi wykorzenić poznanie, co alegorycznie opisuje się jako „unicestwienie chłopców, synów".

„...Musimy się upewnić, że przy życiu **pozostaną tylko dziewczynki..."**

Dziewczynki, córki, kobieca część w tobie, drogi czytelniku, jest *uosobieniem pragnienia otrzymywania*, dlatego też twój „Nimrod" mówi: „Niech kobiety rodzą córki", To znaczy, niech powstanie i objawi się coraz więcej nowych pragnień. Będą one służyć tylko coraz większej władzy, pomnażaniu chwały, coraz większym wpływowm, presji i podporządkowaniu sobie. Z tym „Nimrod" się zgadza.

To, z czym nie może się zgodzić, to z *innym sposobem napełnienia pragnień*, z nową metodą doznawania przyjemności, która rodzi się w postaci „Abrahama".

Spójrzmy na siebie z zewnątrz. Nasze pragnienia rosną (oznacza to, że „rodzą

się nam dziewczynki"), ale pewnego dnia zauważamy, że zmieniają się jakościowo: nie zaspokajają już nas poprzednie napełnienia. Nie wystarczy nam już samo siedzenie przed telewizorem i picie piwa. Ilość pieniędzy nie przynosi już satysfakcji, jak również poczucie, że jesteś wielkim szefem. Wszystkie te osiągnięcia i nabytki nie zaspokajają naszych pragnień i tyle!

Oznacza to, że nasze pragnienia nie tylko urosły, ale również *zmieniły się jakościowo* i teraz potrzebujemy innego rodzaju napełnienia. Pragniemy tego i jednocześnie boimy się, uświadamiając sobie, że ono wywróci nasze życie do góry nogami. To „Nimrod" w nas buntuje się! Dlatego decyduje, że wszystkie podobne myśli muszą zostać zniszczone.

Jednak czy jest „on" w stanie je zniszczyć? Z naszego „Nimroda", z naszego własnego niezaspokojonego egoizmu wyrasta *nowe pokolenie* i zatrzymać ten proces jest sprawą nie-moż-li-wą!

Rodzące się w nas dziewczynki (pragnienia) i chłopcy (sposoby ich napełnienia) należą do nowego stopnia. W Kabale nazywa się *stopniem Biny*, który jest w nas. Jest to poziom obdarzania, miłości, miłosierdzia. Proces ten pozwala nam zrozumieć, że rozkosz na tym stopniu jest niepomiernie większa, a nawet powstaje poczucie, że jest nieskończona.

Wsłuchaj się w siebie, czytelniku, twój wewnętrzny „Nimrod" jakby mówił: „Dobrze, będę obdarzał, zrobię to, ale tylko po to, abym sam doznawał rozkoszy".

„To sprawi, że poczuję się dobrze" – myśli „Nimrod" – „wykorzystam tę cząstkę Biny, która jest we mnie, ten stopień obdarzania, nieskończonych przyjemności, ale dla własnego dobra. Będę obdarzał, będę! Ale tylko po to, abym poczuł się lepiej!"

Nazywa się to używanie iskry miłości, iskry Stwórcy, która jest w tobie i w każdym z nas, drogi czytelniku, dla własnej korzyści. To właśnie oznacza „zabijać synów", czyli otrzymać całe Światło, całą ogromną energię wzniesienia dla własnej satysfakcji.

Jednak okazuje się, że jest to niemożliwe! „Nimrod" w tobie wkrótce to zrozumie. Na razie nie jest tego świadomy. Nadal cieszy się z narodzin dziewczynek, czyli pragnień nowego stopnia, jednak ze wszystkich sił stara się zapobiec narodzinom „Abrahama" – nowego sposobu ich napełnienia. Wciąż uważa, że jest to możliwe.

«...Obecny podczas tego rozważania Terach, jeden z najbardziej szanowanych dworzan, zapytał żartobliwie: „Czy nie zamierzasz umieścić również moją żonę w jednym z tych domów? Jest akurat w ciąży". „Nie mieliśmy na myśli twojego domu, Terachu" – zapewnił go król – „jesteś najbardziej godnym zaufania wśród moich ministrów..."»

Terach (w Pięcioksięgu Farra) jest „jednym z najbardziej szanowanych dworzan", prawą ręką Nimroda. Jest ideologiem Nimroda, ideologiem egoizmu. Zatem egoizm w tobie wzrasta i twój „Terach" musi znaleźć nowy sposób kierowania tym rosnącym egoizmem, tak abyś jednocześnie mógł nadal się cieszyć.

„Terach" jest właśnie *metodą napełnienia pragnienia* i dlatego, drogi czytelniku, musimy bardziej szczegółowo przyjrzeć się „osobowości Teracha" – tego „ideologa egoizmu" – i zrozumieć, w jaki sposób rodzi się z niego twój „Abraham".

NARODZINY „ABRAHAMA" W TOBIE

Narodziny „Abrahama"– to wewnętrzna rewolucja, która dokonuje się w „Terachu", czyli w samym sposobie napełnienia „Nimroda". To „wydarzenie" wskazuje na to, że na nowym stopniu narastającego egoizmu nie da się napełnić w dotychczasowy sposób! Sama metoda powinna być radykalnie zmieniona i „Abraham" jest właśnie tą rewolucją.

A więc z „Teracha rodzi się Abraham", aby całkowicie zmienić sposób napełnienia twego egoizmu – „Nimroda" w tobie.

«...Pewnego ranka astrologowie Nimroda ponownie poprosili go o audiencję: „O królu, niebezpieczeństwo wciąż nie zostało zażegnane! Nad domem Teracha zauważyliśmy gwiazdę, która miotała się po sklepieniu niebieskim we wszystkich kierunkach i pochłonęła cztery gwiazdy na wschodzie, północy, zachodzie i południu. To wyraźnie wskazuje na nowo narodzonego syna Teracha, który podbije twoje królestwo!..."»

Twoja wewnętrzna „gwiazda, która miotała się po sklepieniu niebieskim", jest oznaką tego, że metoda „Abrahama" jest obdarzaniem. Jest to zmiana egoistycznej intencji z „dla siebie" na całkowite obdarzanie – „dla innych" i odtąd ta metoda „Abrahama" będzie panować nad wszystkimi czterema etapami rozwoju egoizmu, czyli nad wszystkimi twoimi pragnieniami.

„…zauważyliśmy gwiazdę, która miotała się po sklepieniu niebieskim we wszystkich kierunkach i pochłonęła cztery gwiazdy na wschodzie, północy, zachodzie i południu…"

Od chwili narodzin „Abrahama" w głębi swojego egoizmu zaczynasz rozumieć, że wszystko, co wcześniej cię napełniało, teraz nie ma sensu, wszystkie dotychczasowe wartości już cię nie zadowalają. Jałowe jest życie, a przyjemności puste. Kurczowo szukasz wyjścia z tego impasu. Tak rodzi się w tobie zupełnie inne podejście („gwiazda"), inny sposób napełniania twojego pragnienia – metoda, która otworzy nowy rozdział w twoim życiu, zrealizuje wszystkie nowe pragnienia stworzone w tobie (północ, południe, zachód, wschód). Nadchodzi dla ciebie, drogi czytelniku, szczęśliwy czas: rodzi się w tobie nowa *intencja* – obdarzać.

W dalszej części Ustnej Tory opowiada się o tym, że rodzi się Terachowi chłopiec, któremu nadano imię „Abraham". Jest jasne, że to w tobie rodzi się „Abraham", szanowny czytelniku, właśnie w tobie. O nic innego tu nie chodzi.

ODKRYCIA DOKONANE W JASKINI

Jakie warunki musisz stworzyć do rozwoju twojego „Abrahama"? Powinieneś umieścić go w jaskini. Właśnie o tym mówi się w Ustnej Torze: **„Terach rozkazuje ukryć go w jaskini"**.

Co to znaczy ukryć w jaskini twoją nowo narodzoną *intencję obdarzania* – „Abrahama"? Oznacza to stworzenie w „ziemi", w twoim własnym egoizmie, szczególnej przestrzeni, w której może rozwijać się „Abraham", Bina, cząstki Stwórcy w tobie, innymi słowy, *intencja obdarzania*. To znaczy, że w tym egoistycznym materialnym świecie pełnym chciwych kalkulacji, nienawiści, gdzie ludzie wykorzystują się nawzajem dla własnej korzyści, musisz „wykopać" sobie jaskinię, czyli wybrać własne środowisko. Musisz znaleźć przyjaciół, którzy tak jak ty dążą do duchowości, księgi opisujące wyżyny światów duchowych, instruktora, który zacznie prowadzić cię do duchowego celu. Wszystko to będzie oznaczać, że „wykopałeś jaskinię w ziemi".

Przypomnij sobie, drogi czytelniku, w ten sam sposób postąpił „Noe"– twoje pierwsze pragnienie duchowości, które przejawiło się na najmniejszym poziomie egoizmu. W Księdze Rodzaju jest powiedziane, że Noe wszedł do arki, swego rodzaju jaskini, statku unoszącego się na wodach, i tylko dzięki temu został ocalony. Udało mu się nie wchłonąć w siebie wartości tego samolubnego świata i wyszedł na brzeg oczyszczony wodami potopu.

Tak samo i teraz, na nowym stopniu rozwoju egoizmu, wszystko się powtarza. Tylko rozwój „Abrahama", który narodził się w tobie, nie odbywa się w arce, ale w jaskini. Wychowuje się on w szczególnym środowisku i dlatego mówi się:

„…mały Abraham dorastał w jaskini, z dala od gwarnego świata ludzi. Posiadając niezwykły umysł, rozpoznał Stwórcę, gdy miał zaledwie trzy lata…"

Dlaczego „trzy lata"? Pierwszy etap rozwoju, który przechodzi „Abraham" w tobie – to okres *narodzin*. Oznacza to, jak było już powiedziane, że na wyższym poziomie rozwoju egoizmu w tobie powstaje nowa metoda postrzegania duchowości. Następny etap nazywa się *karmieniem*. Twój wewnętrzny „Abraham" przechodzi „w jaskini" przez etap „karmienia" dzięki środowisku, dziełom wielkich mędrców, słucha słów nauczyciela i stara się przestrzegać je. Trzeci (trzy lata) – to już etap *zrozumienia*, etap Biny, postrzegania duchowości, uświadomienia sobie, że wszystkimi wydarzeniami na tym świecie zarządza wyższa siła, która prowadzi świat do jego najlepszego stanu.

Twój „Abraham" zrozumiał to. Trzymaj się go, bo wie, dokąd musi cię zaprowadzić.

Jest powiedziane:

„...przy czym uczynił to samodzielnie, dochodząc do takiego wniosku poprzez obserwacje i rozumowanie..."

Obserwacja oznacza stały rozwój właściwości Biny w tobie, właściwości Stwórcy. Bina, jak już wiesz, pochodzi od słowa „mewin", „awana", co w przekładzie oznacza „zrozumienie".

W ten sposób odbywa się rozwój metody. Tak działa w tobie etap „Abrahama" – stopień Biny. Jesteś coraz bliżej Stwórcy.

«„...Może powinienem czcić ziemię" – rozumował on – „ponieważ jej owocami żywi się człowiek? Jednak ziemia nie jest wszechmocna, zależy od nieba, która daje deszcz. Czy zatem powinienem czcić firmament? Oczywiste jest, iż nad sklepieniem niebios panuje słońce, **którego ciepło i światło sprawiają, że świat żyje..."**

...Abraham padł na twarz przed słońcem, ale gdy zapadła noc i słońce ukryło się, aby ustąpić miejsca księżycowi, Abraham doszedł do wniosku, iż bóstwem w nie mniejszym stopniu może być księżyc. Jednak tę myśl też odrzucił, **zdając sobie**

sprawę, że skoro księżyc świeci tylko w nocy, to nie może być potężniejszy od słońca, które świeci tylko w dzień...»

Rozumiesz, że twój rozwój może nastąpić tylko dzięki zmianie twoich stanów wewnętrznych: „dnia", kiedy wszystko dla ciebie jest jasne, gdy najważniejszą sprawą twojego życia jest poznanie duchowości, i „nocy", gdy przychodzą wątpliwości i trzeba znaleźć w sobie siły i „dać w zęby" egoizmowi. Właśnie z ciemności zaczyna się twój rozwój: z „Nimroda" – „Terach", z „Teracha" – „Abraham" itd.

W ten sposób oczyszczasz się, przechodząc przez wszystkie swoje stany. „Noc" zastępuje „dzień", potem ponownie nadchodzi „noc", ale już na innym etapie twojego rozumienia (lub obserwacji). A więc wraz ze swoim „Abrahamem" dochodzisz do wniosku, że istnieje tylko jedna siła, która zarządza wszystkim, i tą siłą jest Stwórca, siła miłości i obdarzania, a „Abraham" jest jej iskrą.

Najważniejszym zrozumieniem, do którego doszedłeś w wyniku wszystkich obserwacji, jest uświadomienie sobie tego, że to nie egoizm jako taki jest złem, ale wykorzystywanie go dla własnej korzyści. A jeśli będzie używany nie dla siebie, wtedy przestaje być postrzegany jako zło. Wówczas jakbyś porzucał swoją poprzednią powłokę, egoizm twój staje się twórczy, a ty doznajesz przyjemności z tego tworzenia.

A co się stało?

Zmieniła się *intencja*, a egoizm przestał być zabójczy. Zaczął tworzyć. „Czerpię przyjemność z tego, że obdarzam. Przyjemności, które teraz budzą się we mnie, są wieczne, nieprzemijające i nie niszczą *pragnienia przyjemności*" – uświadamiasz sobie.

Oto co robi zwykła intencja „Abraham" w tobie. Ujawnia ci drogę do szczęścia. Teraz rozumiesz, że *pragnienie i intencja* to zupełnie różne pojęcia. Intencja odnosi się do myśli, zamierzenia, a pragnienie – do jej materialnej realizacji.

W chwili, gdy faktycznie zaczniesz rozumieć i oddzielać w sobie te dwie siły – *pragnienie i intencję* – doświadczysz potężnego wewnętrznego poczucia kształtowania się. Zaczniesz identyfikować się nie z pragnieniami, ale z intencjami.

Zmieni się twój stosunek do świata, do innych, do wszystkiego, co cię otacza. Zmiana ta będzie wynikiem tego, że nauczyłeś się dzielić wszystko, co ci się przydarza, na „moje pragnienie" i „moją intencję". „Pracuję tylko z intencją i nie biorę pod uwagę pragnienia – powiesz sobie. – Nie ma dla mnie żadnego znaczenia, jakie są moje pragnienia. Wznoszę się ponad płaszczyznę, na której ludzie są oceniani według ich pragnień. To już nie jest dla mnie. Biorę pod uwagę tylko intencje".

To stopniowe uświadomienie sobie, że tylko *intencja,* a nie pragnienia, nad którymi nie panujesz, jest w tobie *fundamentalna* i to pozwala ci na nowo spojrzeć na otaczający świat, cały wszechświat.

Twój światopogląd zmienia się radykalnie: z *otrzymującego* stajesz się *obdarzający.* A to pozwala ci zobaczyć prawdziwy świat, wyższy świat, Stwórcę.

„...Abraham doszedł do wniosku, że istnieje wszechmocny i mądry Stwórca, który stoi za tym wszystkim... Oczywiste jest, że musi istnieć jakiś jeden Wyższy Rozum, który nimi kieruje..."

Teraz widzisz, że w stosunku do jednego pragnienia mogą być dwie intencje. Właśnie walka intencji między sobą toczy się w tobie. Przy czym w żadnym wypadku nie zostaje zniszczona twoja poprzednia intencja „dla siebie", ten korzeń egoizmu. Przeciwnie, wszystko jest na nim oparte. Twój ogromny egoizm pozostaje, ale napełnia się w nowy sposób, za pomocą „metody Abrahama". Poprzez obserwację tych dwóch intencji dochodzi się do zrozumienia *jedyności Stwórcy*, jedyności Wyższej Siły, która leży u podstaw wszystkiego: podlegają jej i „noc", i „dzień", intencja „dla siebie" i intencja „dla innych" – jednym słowem wszystko.

„…Nie widziałem Stwórcy" – powiedział Abraham – „ale jestem w stanie zrozumieć, że tylko potężny i miłosierny Bóg mógł stworzyć ten **cudowny świat wokół mnie i że jedynie Jego Wyższy Rozum jest w stanie podtrzymać istnienie tego świata. Właśnie Jego** będę czcił!…"

Nie mogłeś zobaczyć tego cudownego świata, będąc w stanie egoizmu, dlatego że musiałeś ciągle dbać o to, jak się napełnić. O jakim cudownym świecie mogła być mowa, gdy byłeś w ciągłym biegu, byłeś zajęty nieustanym poszukiwaniem napełnienia: pieniądze, władza, sława. Egoizm rośnie i znów trzeba go napełniać, i znowu pieniądze, władza, sława!… I tak w kółko.

A tu mówi się o cudownym świecie, który widzi Abraham. Będziesz w stanie zobaczyć ten cudowny świat, tylko jeśli połączysz się z intencją „dla innych". Jeśli prawidłowo używasz swojego egoizmu, to wtedy jakbyś się wznosił ponad niego i *tak* widzisz przyszłość, swoje przyszłe życie. Wszystkie aspiracje są skierowane na obdarzanie. To właśnie oznacza „widzieć piękny świat". Otrzymywanie ze względu na obdarzanie .

„Abraham" – to Bina w tobie, to absolutne obdarzanie: „Niczego nie potrzebuję, chcę tylko dawać".

Jednak czy ten stan wydaje ci się tak doskonały? Pytasz siebie: „Gdzie jest ten cały egoizm, ponad który się wzniosłem, co się z nim stało? Przecież go nie napełniam, po prostu oderwałem się od niego, wzniosłem się ponad niego i to wszystko. Ale ja, który urodziłem się egoistą, powinienem *nauczyć się używać swojego egoizmu*".

Teraz zadajesz sobie pytanie, jak połączyć swojego „Abrahama" ze swoją egoistyczną naturą. Dlatego „Abraham" później będzie żądał, aby dali mu następny stopień. Nalega: „Daj mi możliwość realizować moje absolutne pragnienie obdarzania, daj mi syna, abym na tym stopniu nauczył się napełniać swój egoizm poprzez dawanie!"

„...Nie widziałem Stwórcy" – powiedział Abraham – „ale jestem w stanie zrozumieć, że tylko potężny i miłosierny Bóg mógł stworzyć ten **cudowny świat wokół mnie..."**

„Nie widziałem Stwórcy"– Co oznacza to zdanie w ustach Abrahama, a raczej w twoich ustach, drogi czytelniku? To, że łącząc się z „Abrahamem", łączysz się z właściwością miłosierdzia w tobie (w Kabale to „Chasadim"). To tak, jakbyś otrzymał możliwość wzniesienia się ponad ten świat, uniesienia się nad nim lub, jak powiedzieliśmy, wznosisz się ponad swój egoizm, nie napełniając go. Zostawiasz go na boku. Dlatego jest powiedziane, że Abraham jest „w stanie zrozumieć", ale „nie zobaczyć".

Kiedy będziesz „w stanie zobaczyć" Stwórcę? Tylko wtedy, gdy wejdzie w ciebie Światło *Życia* (w Kabale to „Or Chochma"). Kiedy to się stanie? Kiedy twój „Abraham" osiągnie nowe stopnie, czyli kiedy pojawią się „jego synowie", którzy nie będą „uciekać" od egoizmu, ale znajdą sposób, aby go napełnić. Innymi słowy, dokonają tego, co jest celem stworzenia człowieka: otrzymywanie całej rozkoszy przygotowanej dla niego przez Stwórcę.

O BOŻKACH I O STWÓRCY

„Ojciec handlował posążkami bożków, a Abraham robił wszystko, aby przekonać ludzi, by ich nie kupowali. Pewnego dnia zdarzyło się, że ojciec musiał udać się w podróż i zostawił swój sklep pod opieką dorosłego już Abrahama. Dał synowi następujące instrukcje:

– Im większy posążek, tym wyższą cenę zażądaj. Jeśli wejdzie ważna osoba, zaoferuj większego bożka. Mniej ważnemu kupującemu pokaż mniejszego.

Po tych słowach Terach odszedł.

Pewnego dnia wszedł do sklepu imponująco wyglądający, barczysty mężczyzna.

– Daj mi dużego bożka, jak przystało na moje stanowisko! – zwrócił się arogancko do chłopca. Abraham wręczył mu największego bożka, jaki był na półkach, a mężczyzna wyjął z sakiewki sporą kwotę pieniędzy.

– Ile masz lat? – zapytał go Abraham.

– Pięćdziesiąt.

– Nie wstyd ci czcić bożka, który ma zaledwie jeden dzień? – zapytał Abraham. – Mój ojciec zrobił to wczoraj!

Zawstydzony mężczyzna wziął pieniądze z powrotem i wyszedł.

Weszła starsza kobieta. Powiedziała młodemu sprzedawcy, że w nocy włamali się do jej domu złodzieje i ukradli wszystkie bożki.

– Naprawdę? – zapytał Abraham. – Jeśli twoje bożki nie są w stanie obronić się przed rabusiami, to jak możesz oczekiwać, że będą chronić ciebie?

– Masz rację – przyznała kobieta. – Ale komu mamy służyć?

– Stwórcy nieba i ziemi, który stworzył i mnie, i ciebie, i wszystkich ludzi – odpowiedział Abraham.

Kobieta wyszła, nic nie kupując.

Weszła inna kobieta i przyniosła miskę mąki jako ofiarę bożkom. Abraham wziął siekierę i roztrzaskał wszystkie bożki oprócz największego. Gdy Terach wrócił i zobaczył zniszczenia w swoim sklepie, krzyknął:

– Co się tutaj stało?

– Dlaczego miałbym ukrywać przed tobą prawdę? – odpowiedział Abraham. – Podczas twojej nieobecności przyszła kobieta i ofiarowała im trochę mąki. Każdy z bożków wykrzyknął, że chce jeść pierwszy. Największy bożek wpadł we wściekłość, chwycił siekierę i zmiażdżył wszystkie pozostałe.

– Co za bzdura! – zdziwił się Terach. – Wiesz równie dobrze jak ja, że one nie jedzą, nie ruszają się, a tym bardziej nie walczą.

– Naprawdę? – odparł Abraham. – Jeżeli jest tak, jak mówisz, to dlaczego im służysz?"

Twój „Abraham" przystępuje do działania. Zaczyna „opowiadać" twoim innym pragnieniom – dużym i małym, silnym i słabym, „mężczyznom i kobietom" w tobie – czym jest egoizm, który panuje nad tobą. To znaczy, że „Abraham" po raz pierwszy przejawia się w tobie, drogi czytelniku, jako *nauczyciel*. Mówi do ciebie: „Egoizm nie będzie w stanie cię uchronić, podnieść, napełnić. Nie będzie!" I co ciekawe, „Abraham" zwraca się do ciebie, egoisty, i mówi, że twoje egoistyczne pragnienia nigdy nie zostaną spełnione. To znaczy zachęca egoizm do szukania innego sposobu napełnienia się. Szukania w sposób *egoistyczny* – owszem, aby się napełnić, ale właśnie to poszukiwanie doprowadzi do Stwórcy. Okazuje się, że egoizm zajmuje się samozniszczeniem.

O tym samym mówi wielki kabalista Baal HaSulam, opowiadając o ujawnieniu w człowieku pustki, braku napełnienia, gdy pyta: „Po co żyję? Jaki jest sens mojego życia?" Są to pytania egoistyczne, ale w rezultacie doprowadzają człowieka do innego sposobu używania pragnienia, już nieegoistycznego. A zatem egoizm w istocie prowadzi sam siebie do celu – do właściwego wykorzystywania.

Dlaczego i w jaki sposób dzieje się to w tobie? Dlatego, że jesteś wyjątkowy, już obudził się w tobie „punkt w sercu" (w innych na razie nie, ale w nich też to się wkrótce stanie). Masz w sobie właściwość Biny, która jest założona w każdym z nas, inaczej nic byś nie dostrzegał i przestałbyś czytać tę książkę już od pierwszych stron. To ten punkt Biny nazywa się „człowiekiem" w tobie – „Adamem", o czym już mówiliśmy.

Tak więc ta właściwość Biny stopniowo zaczyna wskazywać na twój egoizm i mówić: „Nieprawidłowo go używasz”. To „Abraham” w tobie tak robi. „Nieprawidłowo pracujesz ze swoją naturą. Ona nie będzie w stanie cię uchronić, nie może niczego ci dać. Jest po prostu nieuduchowiona, jak te wszystkie bożki, które są zrobione jedynie z gliny...”

Spójrzmy jeszcze raz na Midrasz:

„...Abraham wziął siekierę i roztrzaskał wszystkie bożki oprócz największego. Gdy Terach wrócił i zobaczył zniszczenia w swoim sklepie, krzyknął:

– Co się tutaj stało?

– Dlaczego miałbym ukrywać przed tobą prawdę? – odpowiedział Abraham. – Podczas twojej nieobecności przyszła kobieta i ofiarowała im trochę mąki. Każdy z bożków wykrzyknął, że chce jeść pierwszy. Największy bożek wpadł we wściekłość, chwycił siekierę i zmiażdżył wszystkie pozostałe.

– Co za bzdura! – zdziwił się Terach. – Wiesz równie dobrze jak ja, że one nie jedzą, nie ruszają się, a tym bardziej nie walczą.

– Naprawdę? – odparł Abraham. – Jeżeli jest tak, jak mówisz, to dlaczego im służysz?”

„Terach” w tobie (ty sam!) rozumie, do jakich „bogów” się modli. Sam doskonale wiesz, że ubóstwiasz egoizm, którego nie jesteś w stanie napełnić. Zdajesz sobie sprawę, że te pragnienia są „nieżywe”, co oznacza, że Światło nie jest w stanie w nie wejść, ponieważ natura Światła jest zupełnie inna. To wszystko rozumie „Terach" w tobie, czyli ty, jak również to, że te pragnienia panują nad tobą i nie możesz przed nimi uciec. A jeszcze rozumiesz, że „Abraham"– to następny stopień „Teracha". A to jest najważniejsze osiągnięcie. Ty, drogi czytelniku, uświadomiłeś sobie, że jesteś stworzony jako egoista, i już czujesz, że możesz pokonać swoją naturę tylko wtedy, gdy odkryjesz w sobie właściwość Stwórcy – miłość, pragnienie obdarzania, czyli poprzez ujawnienie w sobie „Abrahama".

Więc współistnieją w tobie dwie przeciwstawne siły. Jedna siła mówi, że to jest twój świat, wszyscy tak żyją i nie ma od tego ucieczki, taki się urodziłeś, nadal „sprzedajesz i kupujesz bożki", czyli posługujesz się swoim egoizmem po to, by otrzymywać choć jakiekolwiek, nawet krótkotrwałe napełnienia, przyjemności. Druga siła natomiast zapewnia, że wszystko jest kłamstwem, kłamliwy i fałszywy jest ten świat wokół ciebie, który wielbi egoizm, przyjemności, te „bożki", w których nie ma nic boskiego, ponieważ nie mają nic wspólnego ze Stwórcą. Po prostu nie widzisz jeszcze, że we wszystkim i absolutnie za wszystkim kryje się Stwórca, który celowo cię dezorientuje. Jednak już jesteś gotowy zaakceptować stopień „Abrahama" jako najbardziej postępowy i rozumiesz, że to pomoże ci ogarnąć wszystko.

A zatem powiedziano w Ustnej Torze, że król nakazał swoim żołnierzom odnaleźć Abrahama. Abraham i Terach pojawiają się w pałacu.

„...Nimrod zasiadał na tronie... Każdy, kto zbliżał się do tronu, powinien był oddać pokłon przed królem. Jednak gdy Abraham został wprowadzony do sali tronowej, pozostał na miejscu..."

„Nimrod” zasiada na tronie, ponieważ to twoja natura, twoje „Ja”, twój fundament, którego istotą jest to, że wszystko powinno pracować dla ciebie, i wydawałoby się, że nic nie jest w stanie zachwiać tego fundamentu. Jednak twój „Abraham” nie chce poddać się ideologii wykorzystywania innych dla własnego spełnienia. Zgadza się, że taka jest natura – pragnąć napełnienia się, ale chce używać tego pragnienia nie dla siebie, a dla dobra innych. Chce nauczyć się obdarzać. A ty razem z nim. Rozpoczyna się twoje stopniowe oderwanie od egoistycznego pragnienia, które w przyszłości zamieni się w rozkaz, który otrzymasz bezpośrednio od Stwórcy: „Wyjdź z ziemi swojej...”– co oznacza „wyrzeknij się swego egoistycznego pragnienia”. Ale porozmawiamy o tym szczegółowo później. Tymczasem, jak powiedziałem, zachodzi proces odrywania się od egoizmu. *Nie chcesz doświadczać żadnych egoistycznych przyjemności.*

Później, gdy ten cel będzie osiągnięty, a ty (w połączeniu z „Abrahamem”) będziesz w stanie wznieść się ponad swoją naturę, nadejdzie kolejny etap, znacznie trudniejszy, ale konieczny – będziesz musiał ponownie połączyć się z egoizmem, ale tym razem zrobisz to z inną intencją: „Doznaję przyjemności, obdarzając nią innych”

Tak więc toczy się spór pomiędzy twoim „Abrahamem” i twoim „Nimrodem” opisany w Ustnej Torze w następujący sposób (przytaczam tylko mały fragment z niego):

«Nimrod: „Podporządkują się mi słońce, księżyc i gwiazdy!...”

Abraham: „Każdego dnia słońce wschodzi na wschodzie i zachodzi na zachodzie. Rozkaż mu, aby jutro wzeszło na

zachodzie i zaszło na wschodzie... Lub spełnij moją inną prośbę (jeśli jesteś wszechmocny): ujawnij mi, o czym teraz myślę i co zamierzam zrobić..."

I w obecności wszystkich dworzan wyciąga wniosek: „Nie jesteś żadnym bogiem!"

„Straż!" – krzyknął Nimrod. – „Natychmiast uwięzić tego buntownika!"»

Twój „Abraham" chce pokazać twojemu „Nimrodowi", twojej podstawie, tobie, że egoizm nie posiada i nie kontroluje ani siebie, ani natury. Nie zna żadnych sił, które kierują nim, chociaż sam jest pewien, że jest bogiem.

Dlaczego człowiek tak myśli?

Ponieważ znajduje się w stanie ukrycia. Przypomnij sobie, jaki byłeś wcześniej. Czy nie uważałeś, że masz całkowitą wolność i że nikt i nic nie kieruje tobą, tylko ty sam podejmujesz wszystkie decyzje? A teraz „Abraham" pokazuje ci, że tak nie jest. Nie jesteś w stanie kierować ani sobą, ani własnym losem. A to naprawdę jest odkryciem dla twojego „Nimroda".

Okazuje się, że bez „Abrahama" nie jesteś w stanie dostrzec, jak bardzo jesteś ograniczony. I to odkrycie nie jest dla ciebie przyjemne. Jak to możliwe, że nie ma wolnej woli?! Jak to jest, że nie panuję nad własnym losem?! Nie wierzę! Nie chcę wierzyć!

WIĘZIENIE

Abraham zostaje wtrącony do lochu na dziesięć lat.

Drogi czytelniku, wiedz, że wszystko, co dzieje się w twoim życiu (absolutnie wszystko!), dzieje się tylko dla twojego dobra. Całe twoje życie ziemskie jest niczym innym jak twoją drogą do Stwórcy, który prowadzi cię do siebie.

A „loch", do którego zostaje teraz wtrącony twój „Abraham", jest najbardziej optymalnym stanem dla ciebie w danej chwili.

Twój „Abraham" musi w pełni uświadomić sobie, że jest całkowicie związany z egoizmem. Musi poczuć, jak to się mówi, „na własnej skórze", a nie teoretycznie. Nie! Właśnie *poczuć*! Jedynym sposobem na osiągnięcie tego i przekonanie się na własne oczy, że egoizm jest złem, ciemną siłą, która nie daje ci wolności, jest umieszczenie cię „w głębi ziemi", „w lochu", w najciemniejszej, wewnętrznej części egoistycznej, tam gdzie poczujesz, że jest ci bardzo źle, nie jesteś wolny. Możesz to zrobić tylko w „lochu" egoizmu, we „wnętrzu ziemi". Znów przypominam, że słowo „ziemia" to „erec" i pochodzi od słowa „racon", co oznacza „pragnienie".

A więc zostajesz teraz umieszczony w „głębi ziemi", wewnątrz swojego pragnienia. Jest to ważne doświadczenie dla twojego „Abrahama". On musi poczuć i przejść przez wszystkie stany, aby następnie oderwać się od egoizmu.

Abraham pokonuje teraz etap, przez który przechodzi każdy człowiek, który nie może porzucić swojego egoizmu, chociaż stara się ze wszystkich sił połączyć go z tym, o czym się uczy. Czyli chce pozostać egoistą i jednocześnie połączyć się ze Stwórcą.

A zatem czuje się on „wtrącony do więzienia".

Okres, w którym człowiek czuje się jakby cierpiał w lochu, jest *przygotowawczym* okresem i może być bardzo długi. W Kabale ten stan nazywa się *podwójnym ukryciem Stwórcy*. Po tym następuje okres *pojedynczego ukrycia*. Wszystkie te okresy są etapami „przebywania w lochu".

Już wiesz, że istnieje wyższe sterowanie, jesteś już z „Abrahamem", ale także zdajesz sobie sprawę, że nie jesteś w stanie pokonać swojej natury. Właśnie ten stan nazywa się „uwięzieniem". Trwa tak długo, aż zaczniesz rozumieć, że możesz uwolnić się, lecz nie o własnych siłach, ale tylko wtedy, gdy Stwórca cię stamtąd wyzwoli.

Jednak takie uświadomienie wymaga czasu.

Przez dziesięć lat twój „Abraham" przebywa w więzieniu – tak mówi Ustna Tora. Oczywiste jest, że nie mówi się tu o ziemskich latach. Twoje wyzwolenie może nastąpić w jednej chwili. Dziesięć lat później Nimrod wreszcie zdaje sobie sprawę, że nie da się złamać Abrahama, i wydaje rozkaz wykonania na nim egzekucji.

ŚMIERĆ, KTÓRA SIĘ NIE WYDARZYŁA

„...Nimrod rozkazał swoim ludziom przygotować w swojej stolicy, Ur Kasdim, piec do wykonania kary śmierci przez spalenie..."

Co się rozumie przez śmierć? Śmiercią jest „wyjście Światła".

„Kara śmierci ogniem" oznacza stan, kiedy otrzymujesz tyle Światła, tyle przyjemności, że nie wytrzymujesz i zaczynasz je wykorzystywać dla siebie. Wtedy palisz się ze wstydu. Nie może być nic straszniejszego niż ten stan.

W obliczu takiej próby stoi obecnie twój „Abraham". Jest już na drodze do Stwórcy, doświadczył szczęścia zbliżenia się do Światła, istnienia według prawa miłości i obdarzania, a teraz wbrew swojej woli zostaje umieszczony w takich warunkach, które mogą „go spalić".

Wyobraź sobie, drogi czytelniku, że dają ci wszystko, absolutnie wszystko, o czym możesz marzyć: pieniądze, pozycję w społeczeństwie, władzę, sławę, zdrowie, a nawet poczucie postępu na drodze do duchowego objawienia... – jak to się mówi, „składają ci propozycję, której nie możesz się oprzeć". Wiążą cię więzami egoistycznymi i dają czas do namysłu – trzy dni.

„...Abraham musiał stać w łańcuchach przez trzy dni, podczas gdy niewolnicy Nimroda wykładali drewnem piec przeznaczony do wykonania kary śmierci – zarówno z zewnętrznej, jak i z wewnętrznej strony..."

„Trzy dni"– to trzy linie. Jest to stan, gdy ogarniają cię wątpliwości, co wybrać. Wątpliwości są właśnie tymi łańcuchami, którymi jest skrępowany twój „Abraham". A powinieneś wybrać środkową linię, o czym mówiliśmy wcześniej – *wiarę ponad rozum*.

W tym miejscu w Ustnej Torze faktycznie po raz pierwszy pojawia się nowa postać – matka Abrahama, Amtelej. Ona wychodzi naprzód i prosi:

„...Pokłoń się tylko raz przed Nimrodem – szepnęła do Abrahama – a będzie ci przebaczone, synku..."

Jaki to stopień w tobie – „matka Abrahama"? „Matka" to poziom egoizmu, który cię żywi. „Ojciec" jest *intencją*, a „matka" *twoim egoizmem*. Nie opuściłeś jeszcze domu swojego „ojca i matki", twoich naturalnych pragnień, i dlatego „matka" może zbliżyć się do ciebie. To znaczy (mówiliśmy o tym i nie boję się powtórzyć) nawiedzają cię wątpliwości, bardzo naturalne, „bliskie jak matka", które wcześniej mogły cię „namówić". A to jest ostatni egzamin przed twoim skokiem na kolejny duchowy stopień. „Pokłoń się tylko raz przed Nimrodem..." Czyli „tylko raz weź to, co on ci proponuje". „Wziąć" oznacza rozkoszować się samemu, nie myśląc o nikim innym.

Abraham się nie zgadza i w rezultacie następuje całkowite oderwanie od poprzedniego stopnia. Ostateczne. Twój „Abraham" pokazuje, że nie ma nic wspólnego ani z „ojcem"– starą, przestarzałą ideologią, ani z „matką"– poprzednim poziomem egoizmu.

To oderwanie oznacza początek szybkiego ruchu twojego „Ja" do takiego momentu życia, gdy następuje rozkaz:

„/12:1/ Wyjdź z ziemi swojej i od rodziny swojej, i z domu ojca swego do ziemi, którą ci wskażę..."

Sam już zaczynasz rozumieć, co kryje się tu za każdym słowem, nieprawdaż? Jeśli nie, to proszę o trochę cierpliwości, lada chwila wszystko się wyjaśni.

„...A wtedy niewolnicy Nimroda podpalili z różnych stron piramidę z drewna..."

„Niewolnicy Nimroda" to te pragnienia, które służą twojemu egoizmowi. Kto cię może ocalić? Jesteś słaby, a „pragnienia, które służą Nimrodowi" są wielkie. Nie możesz się im oprzeć! Zaraz się poddasz i „spłoniesz" (ze wstydu, jak było już powiedziane). I ty modlisz się. Prawdziwie. Z głębi serca. I wtedy Stwórca odpowiada...

«...Stwórca odpowiedział: „Nie ma nikogo takiego jak Ja w niebiosach i nie ma nikogo takiego jak Abraham na ziemi. Ja sam zstąpię, aby ocalić go od ognia!" I sam Haszem rozkazał płomieniom, aby nie skrzywdziły Abrahama...»

Tylko Wyższa siła jest w stanie przeciągnąć cię z jednego stopnia na drugi, gdy nie masz żadnej nadziei i rozum nie jest już ci pomocny, bo postanowiłeś iść ponad rozum, wiernego sługę egoizmu, czyli decydujesz się wznieść ponad niego. Właśnie wtedy zdarza się „cud" („cud" z punktu widzenia egoizmu, ale prawidłowość w duchowym): sam Stwórca „ciągnie" cię z jednego stopnia na drugi. Oznacza to, że całkowicie utożsamiasz się z cząstką Stwórcy w tobie – z Biną. Wznosisz się „ponad ziemię", ponad Malchut, ponad egoizm i „ogień" nie może już nic ci zrobić.

„...Drewno zamieniło się w cudowne gałęzie usiane owocami..."

Spalisz się ze wstydu, jeśli użyjesz Światła napełnienia dla siebie. A jeśli użyjesz w celu obdarzania, to „drewno", które miało cię spalić, zamienia się w owoce, które możesz nawet zjeść, to znaczy „napełniać się nimi" i iść naprzód.

„...I na oczach zdumionego tłumu Abraham wyszedł na zewnątrz bez szwanku.

– Dlaczego jeszcze żyjesz? - zapytał Nimrod, trzęsąc się ze strachu.

– Bóg, który stworzył niebo i ziemię i nad którym pastwiłeś się, ocalił mnie od śmierci!...”

Twój Abraham pokazał wszystkim, że możliwe jest wznieść się ponad egoistyczne pragnienie i w ten sposób zostać zbawiony od nikczemnej natury, która tobą kieruje. Można „wyjść z niej” i nikt wtedy nie będzie miał nad tobą władzy.

Wówczas „wszyscy” (wszystkie twoje egoistyczne pragnienia) widzą, że jest to możliwe, dlatego że one też znajdują się na poziomie „Nimroda”. Zdają sobie sprawę, że są pod władzą egoizmu – „Nimroda”, jednak nie widziały sposobu, jak się z tego wydostać.

A teraz „Abraham” pokazuje, że jest taki sposób.

«...Zdumiony i przerażony król padł na twarz przed Abrahamem. Wszyscy ministrowie poszli za jego przykładem. „Nie kłaniajcie się przede mną” – rzekł Abraham – „lepiej oddajcie pokłon Bogu żywemu, Stwórcy Wszechświata!...”»

Właściwość, którą zdobywasz, nie daje ci możliwości nabrania pychy, już wiesz, skąd przychodzi zbawienie, i ty kierujesz wszystko i wszystkich do tego korzenia życia, do Stwórcy, do właściwości obdarzania – do Światła, które objawia się w tobie. To jest właśnie to, co nazywa się „żywym Bogiem”.

W Ustnej Torze jest powiedziane, że po wszystkich tych wydarzeniach rodzina Teracha przenosi się do Haranu.

SARA, ŻONA ABRAHAMA

„...Abraham poślubił swoją bratanicę Saraj, córkę Harana. Ona była o 10 lat młodsza od Abrahama, jednak nie

ustępowała mu w sprawiedliwości, a później nawet przewyższyła małżonka w darze proroctwa…"

Oto pojawiła się Saraj (Sara), żona Abrahama, bardzo ważna postać. Wiedz, że gdy w Torze Pisanej lub Ustnej mówi się o kobiecie, to rozumie się przez to twoją „wewnętrzną kobietę". (Nie ma znaczenia, czy jesteś mężczyzną czy kobietą.) Chodzi tu o *pragnienie otrzymywania* w tobie. Właśnie ono jest twoją „wewnętrzną kobietą". Tak długo, jak „kobieta" w tobie istnieje bez *właściwej intencji*, działa na rzecz destrukcyjnego egoizmu. A jeśli dodaje się do „niej" prawidłową intencję, to „kobieta" staje się siłą twórczą. Dlatego „Abraham" (*intencja obdarzania*), poślubiając „Sarę" (*pragnienie otrzymywania*), zamienia ją w sprawiedliwą. Pragnienie „Sara", łącząc się z „Abrahamem", staje się *pragnieniem otrzymywania, lecz nie dla siebie, ale z intencją obdarzania.* „Sara" staje się czystym, świetlistym stanem, a ty zaczynasz rozumieć, czym jest *prawdziwe szczęście*, co to znaczy myśleć o bliźnim, a nie o sobie, czym jest prawdziwa miłość.

Rzeczywiście, słusznie się mówi, że „Sara" staje się wyższa niż „Abraham", ponieważ ma w sobie egoizm, którego nie ma w „Abrahamie", który czysty jest od początku, jest właściwością Biny w tobie. „Sara" natomiast staje się matką wszystkich.

Zatem „Abraham" zaczyna przyłączać do siebie i oczyszczać egoistyczne pragnienia. Pierwszym, najbliższym mu jest pragnienie „Sara", za „nią" pójdą „jego uczniowie", o których będziemy mówić później, następnie „synowie" – „Izaak", „Jakub" i tak dalej, i tak dalej, aż oczyścisz się całkowicie. Przecież, jak rozumiesz, cały czas mówimy o tobie. O tobie i tylko o tobie, drogi czytelniku.

Napisano o Sarze, że **„…później nawet przewyższyła małżonka w darze proroctwa…"**

Nie ma co do tego wątpliwości, ponieważ „Abraham" w tobie oderwany jest od egoizmu, jest absolutnym obdarzaniem, a „Sara" przeciwnie, uosabia twoje egoistyczne pragnienie i dlatego w połączeniu z „Abrahamem" staje się bardzo znaczącą „postacią" (pragnieniem w tobie).

Sara, jak to się mówi, jest bliżej ziemi, jak każda kobieta w naszym świecie. „Nie jest odcięta od życia", a jednocześnie związana z Abrahamem, dlatego może przewidywać, jest rozumiana i podziwiana, mówią o niej „wielka prorokini Sara".

Ale wróćmy do Ustnej Tory.

Powiedziano, że „w tym czasie Abraham miał dokładnie siedemdziesiąt lat". Oznacza to, że wszystkie siedem sfirot (Chesed, Gwura, Tiferet, Necach, Hod, Jesod i Malchut), czyli cały „Abraham", całe to „pragnienie w tobie" zostaje naprawione (po przyłączeniu do siebie także poprzedniego etapu – „Teracha, który uwierzył w rację syna"). Ponieważ każda sfira składa się z dziesięciu kolejnych sfirot, jest ich łącznie siedemdziesiąt.

NAUCZYCIEL

Dopiero teraz „Abraham" w tobie może nauczać. Po połączeniu się z „Sarą" i osiągnięciu wieku „siedemdziesięciu lat" stał się w końcu *pełnowartościowym pragnieniem*.

Już nie buja w obłokach: „Sara" sprowadziła go „na ziemię", może łączyć się z „ludźmi" w tobie, aby „ich" nauczać, i nie będzie uważany za dziwaka jak dawniej. Teraz znajdzie zrozumienie.

„Przekazuje naukę" i w ten sposób przyłącza do siebie coraz to nowsze pragnienia, oczyszczając je.

Oto jak o tym mówi Ustna Tora:

„...Czym się zajmował Abraham w Haranie? Zwoływał zgromadzenia publiczne i głosił prawdę o Jedynym Stwórcy, wzywając ludzi do służenia Mu... Oprócz publicznych przemówień organizował dyskusje, podczas których bronił swoich twierdzeń w sporze z każdym, kto je kwestionował. Pisał także książki udowodniające bezsensowność bałwochwalstwa. W ten sposób Abraham przeciągnął na swoją stronę dziesiątki tysięcy zwolenników, którzy uznali istnienie Haszem..."

Drogi czytelniku, właśnie w ten sposób „Abraham" gromadzi w tobie wszystkie czyste altruistyczne pragnienia, które później będą nazwane „narodem Izraela". (Izrael pochodzi

od słów „isra", co znaczy „prosto", i „el" – „do Stwórcy"; ważne jest, aby zrozumieć, że w żaden sposób nie chodzi tu o narodowość lub przynależność państwową.) Tworzy się w tobie „naród Izraela" (pragnienia skierowane ku Stwórcy).

Co więcej, całkiem słusznie mówi się, że **„...Abraham... nieustannie wędrował po ziemi, szerząc wiarę w Stwórcę..."**

Oznacza to, że szukasz teraz nieustannie coraz to nowszych pragnień, które można by było przyłączyć do „narodu", innymi słowy, *naprawić, dodając do egoistycznego pragnienia altruistyczną intencję.*

„WYJDŹ Z ZIEMI SWOJEJ"

Drogi czytelniku, już dość długo podróżujemy razem po stronach Ustnej Tory i jest ku temu przyczyna: tylko w niej szczegółowo opowiada się historię „Abrahama", począwszy od chwili, gdy ledwo zaczynasz go czuć w sobie, czyli od samych jego „narodzin" i dalej. Opisane jest w niej wszystko, co mu się przydarza, aż do chwili, gdy nagle sam Stwórca zwraca się do niego.

Przejdźmy więc do tego, co napisano na ten temat w Torze Pisanej. Po raz pierwszy Stwórca zwraca się bezpośrednio do „Abrahama" w tobie, czego wcześniej nie było. A dlaczego to jest teraz? Dlatego że dopiero teraz „Abraham" w tobie jest w stanie to usłyszeć. Wcześniej byłeś inny i nie mogłeś tego odebrać. Wtenczas rozkaz Stwórcy wydałby ci się przynajmniej dziwny.

„..../12:1/ I rzekł Pan do Abrahama: Wyjdź z ziemi swojej i od rodziny swojej, i z domu ojca swego do ziemi, którą ci wskażę. /12:2/ A uczynię z ciebie naród wielki i będę ci błogosławił i uczynię sławnym imię twoje, tak że staniesz się błogosławieństwem..."

Oto rozpoczyna się „wędrówka" twojego „Abrahama" wraz z pragnieniami, które był w stanie przyłączyć do siebie: z „Sarą", z „domownikami", z „uczniami" – „z ziemi swojej i od rodziny swojej, i z domu ojca swego...". Oznacza to, że musisz oderwać się od tego wszystkiego – od „ziemi", czyli od wszystkich swoich pragnień, których w tej chwili nie możesz naprawić. Nadejdzie też ich kolej, ale na razie zostawiasz je za sobą i zaczynasz istnieć tylko z tymi pragnieniami, które jesteś w stanie przyłączyć do Biny – cząstki Stwórcy w tobie, do tego namiętnego *pragnienia obdarzania*, które uzyskałeś.

Z tymi pragnieniami musisz dojść do takiego poziomu duchowego, który nazywa się „Świątynia" (Pierwsza i Druga). Jest to poziom pragnień, na którym znajdują się królowie „Dawid" i „Salomon" w tobie.

Pozwól mi wyjaśnić z wyprzedzeniem, że po osiągnięciu ich poziomu, czyli pełnej naprawy tych pragnień, które teraz „zabrałeś ze sobą", będziesz musiał ponownie upaść w otchłań egoistycznych pragnień, które zostawiłeś za sobą na pewien czas. Będąc naprawiony, znowu będziesz musiał zmieszać się z „Nimrodem", „Terachem", „Haranem", ponieważ już *będziesz miał siły, by je naprawić*, ponieważ *zostałeś stworzony w celu* całkowitej naprawy *wszystkich* twoich pragnień. Tylko w ten sposób będziesz w stanie połączyć się z wiecznością i osiągnąć absolutne szczęście, które istnieje nawet teraz, jednak ty – wciąż nienaprawiony – nie jesteś w stanie tego poczuć... Porozmawiamy o tym wszystkim później, a na razie kontynuujmy.

A zatem napisano w Torze: „**...Wyjdź z ziemi swojej...**". Oznacza to: wyjdź z tego „miejsca", skąd „pochodzisz" i gdzie do tej pory „mieszkałeś", wyrzeknij się swoich egoistycznych pragnień. Zacznij rozwijać się nad nimi tak, jakby nie istniały.

Napisano dalej: „**...i od rodziny swojej, i z domu ojca swego...**". To znaczy porzuć swój poprzedni stopień, opuść swoje poprzednie środowisko, które nie było zaangażowane w duchowe poszukiwania.

„**...do ziemi, którą ci wskażę...**" – inaczej mówiąc, korzystaj z pragnień, które będą w tobie budzić się dalej. To te pragnienia będziesz przyłączał do swojej intencji „obdarzania", która nazywa się „Abraham".

Stwórca będzie budził w tobie te pragnienia, jednocześnie pomagał je naprawiać. W ten sposób będzie prowadził cię do „krainy absolutnego szczęścia".

„…A uczynię z ciebie naród wielki i będę ci błogosławił, i uczynię sławnym imię

twoje, tak że staniesz się błogosławieństwem…"

O jakim „wielkim narodzie" tu się mówi?

Istnieje bardzo wiele interpretacji tego określenia „wielkiego narodu". Mówią, że chodzi o wybrany przez Boga naród, ale to nie jest prawdą. Właśnie takie wyodrębnienie, wywyższenie jednego narodu nad innym stanowi źródło wszelkiego zła. Tak właśnie jest w naszym materialnym świecie.

Jednak wszystko staje się jasne i układa się na swoim miejscu, gdy w końcu zdajemy sobie sprawę, że w Torze mówi się tylko o *pragnieniach*, które są w człowieku – w tobie, drogi czytelniku! Jaki jest z tego wniosek? Okazuje się, że *„wielki"* oznacza tego, kto *osiągnął właściwość obdarzania, nauczył się kochać innych,* ale nie egoistycznie, lecz prawdziwie. Tym jest prawdziwa wielkość. Gdy to zrozumiesz, natychmiast zechcesz należeć do tego „narodu". Celem jest uczynić takim cały świat.

„…i będę ci błogosławił…"

Co to jest „błogosławieństwo"?

Jakże często, a prawie zawsze byliśmy przekonani, że błogosławieństwo daje się nam, abyśmy byli zdrowi, odnieśli sukces w pracy itd. Jednak w rzeczywistości błogosławieństwo wcale nie dotyczy naszego świata egoistycznego, „przychodzi" do nas ze świata duchowego i „prowadzi” do niego. Ono nie dotyczy układania naszego życia na tym świecie.

„Błogosławieństwo” to siła lub Światło, które zstępuje do nas i naprawia nasze intencje, zamieniając je z egoistycznych na altruistyczne.

Będąc w połączeniu z „Abrahamem”, otrzymujesz tę siłę. A wtedy wszystkie ujawnione przez ciebie pragnienia – te, które wziąłeś ze sobą „z ziemi swojej”, oraz te, które jeszcze spotkasz na swojej drodze – zostają naprawione przez tę siłę „błogosławieństwa”.

Ale przejdźmy dalej. Spójrz, jak „surowo” mówi się w Ustnej Torze:

„...Uwalniam cię od obowiązku czczenia ojca twego. Możesz śmiało go zostawić. Ojciec twój i bracia, którzy wyglądają całkiem przyjaźnie, w rzeczywistości knują coś złego. Zaplanowali morderstwo...”

Oto rozkręca się powieść kryminalna, ale ty rozumiesz, że sens jest taki, że twoje poprzednie pragnienia, z którymi żyłeś wcześniej, nie są w stanie zgodzić się z tobą. Owszem, „widzą”, że masz rację, a tym samym „uznają”, że wzniosłeś się ponad nimi. Jednak dla nich, nienaprawionych, właściwość, z którą proponujesz im istnieć, jest śmiercią. Dlatego zdajesz sobie sprawę, że prędzej czy później powstanie konflikt, gdy niektóre pragnienia będą musiały zostać zniszczone przez inne. W tej sytuacji oczywiście masz tylko jedno wyjście – odseparować się, odejść od nich, nie istnieć z tymi ordynarnymi egoistycznymi życzeniami, ale jednocześnie nie wchodzić z nimi w konflikt. Odejść. Jakby „zakonserwować” je na jakiś czas.

One zostaną, a ty spokojnie odejdziesz, potem wrócisz, by je naprawić. Ale wrócisz wtedy, gdy będziesz pełen sił, kiedy staniesz się „wielkim narodem" i będziesz w stanie pokonać (naprawić) wszystkie pragnienia, które zostawiłeś.

Stwórca nie ujawnił Abrahamowi, dokąd dokładnie dojdzie na końcu swojej drogi. *On mówi: „Gdzie ci wskażę, tam właśnie idź...".*

Te *pragnienia obdarzania*, które odkrywają się w tobie „po drodze", które cię prowadzą, przejawiają się stopniowo, a ty musisz przyjmować je zgodnie z prawem obdarzania, to znaczy przez wiarę ponad wiedzę. Oznacza to, że nie powinieneś przepuszczać ich przez swój egoizm, tj. podchodzić do nich ze słowami: „Co będę z tego miał? Jak to wszystko jest nielogiczne".

Do pragnień obdarzania należy podchodzić z pozycji „Abrahama", czyli właściwości obdarzania w tobie. Musisz ciągle utożsamiać się z właściwością Biny w tobie, pozostawiając na boku wszystkie egoistyczne myśli.

Oto co mówi się w Ustnej Torze o „Abrahamie" w tobie:

„...ani razu nie zapytał Stwórcy, jak długo będzie trwała podróż..."

Zgadza się, ponieważ twoje wzniesienie odbywa się na poziomie „Abrahama", Biny w tobie, a na tym poziomie o nic się nie pyta. Tylko wyżej i wyżej w celu oderwania się od egoistycznych pragnień, aż staniesz się silniejszy! Przechodzisz teraz pierwszą naprawę.

Dalej napisano już w Torze Pisanej:

„/12:4/...wybrał się w drogę, jak mu rozkazał Pan..."

Co to znaczy „wybrał się w drogę"? To, że rozpocząłeś opanowywanie duchowej drabiny, szczebel po szczeblu. Oznacza to, że ciągle powstają w tobie coraz to nowsze pragnienia egoistyczne, które jesteś w stanie naprawić, „przylepiając" je do „Abrahama". Innymi słowy, możesz „rozpatrywać" je przez pryzmat „Abrahama", cały czas porównując z nim, tym samym „przylepiając" je do niego, do właściwości Biny w tobie, a dzięki temu ciągle wznosisz się ponad nie.

ZAKOŃCZENIE

Drogi czytelniku, doszliśmy do końca pierwszej książki.

Przeanalizowaliśmy dwa rozdziały: „Na początku" i „Noe" i przystąpiliśmy do rozdziału „Idź do siebie".

Oczywiście nie da się omówić wszystkiego w ramach tak małej książki. Poza tym powinienem, drogi czytelniku, trzymać się pewnej głębi, abyś mógł zrozumieć i odnieść do siebie wszystko, co przeczytałeś.

Książka ta przeznaczona jest dla tych, którzy dopiero rozpoczynają swoją drogę duchową. A dla tych, którzy są już w drodze, istnieje księga „Zohar", w której wyjaśnienie na przykład rozdziału „Na początku" zajmuje dwa tomy po siedemset stron każdy (z wyjaśnieniami wielkiego kabalisty Baal HaSulama). Jednak jeśli zaczniesz teraz czytać tę księgę, to nic nie zrozumiesz, ponieważ jest napisana tylko dla tych, którzy już przekroczyli machsom (barierę oddzielającą nasz świat od świata duchowego) i istnieją w dwóch światach jednocześnie, łącząc je w sobie.

Wszystko przed tobą.

Jeżeli naprawdę budzi się w tobie pragnienie poznania świata duchowego i pozostaniesz temu wierny, czyli będziesz szukać każdej możliwości wsparcia i rozwoju w sobie tego delikatnego kiełka, to z pewnością osiągniesz pożądany rezultat.

Mamy przed sobą nowe rozdziały wielkiej Księgi, kontynuację ekscytującej podróży w głąb samego siebie, do swojego najgłębszego punktu, który nazywa się «pragnienie „prosto do Stwórcy"».

W przyszłości czekają na nas niezawodni, sprawdzeni przewodnicy, których odkryliśmy i jeszcze odkryjemy w sobie. To Mojżesz i wielu innych. Przejdziemy przez „pustynię" (w sobie), zejdziemy do „Egiptu" (w swój egoizm), wyjdziemy z niego już jako „naród" (wzmocnione pragnienie altruistyczne), będziemy „prowadzić wojny" (z egoizmem), upadać i ponownie wstawać (ulegać egoizmowi i ponownie iść w kierunku duchowych osiągnięć), aż w końcu dojdziemy do pragnienia „prosto do Stwórcy". Tak powiedziano w Torze, a ta Księga nigdy się nie myliła.

Życzymy wysokich duchowych osiągnięć!

www.ingramcontent.com/pod-product-compliance
Lightning Source LLC
Chambersburg PA
CBHW051051250726
48656CB00001B/261